Gestalten im Landhausstil

Gestalten im Landhausstil

Kreative Dekorationstechniken

Judith Miller

BLV

Die Deutsche Bibliothek –
CIP-Einheitsaufnahme

Gestalten im Landhausstil :
kreative Dekorationstechniken /
Judith Miller. [Übers. aus dem
Engl.: Alwine H. Schuler.
Ill.: James Merrell]. - München ;
Wien ; Zürich : BLV, 1998
Einheitssacht.: Country finishes
and effects <dt.>
ISBN 3-405-15303-4

BLV Verlagsgesellschaft mbH
München Wien Zürich
80797 München

Alle Fotos von James Merrell

Titel der englischen Originalausgabe:
Country Finishes and Effects – An
inspirational guide to decorating
techniques
1997 erschienen bei Mitchell
Beazley, einem Imprint von Reed
International Books Ltd.,
Michelin House, 81 Fulham Road,
London SW3 6RB/Großbritannien

Übersetzung aus dem Englischen:
Alwine H. Schuler
Lektorat: Edith Ch. Kiel
Herstellung: Rosemarie Schmid
Satz und DTP: Satz + Layout Fruth
GmbH, München
Einbandgestaltung: Sander &
Krause, München

Printed in Singapore
ISBN 3-405-15303-4

Inhalt

Links und oben: *Hier vereint sich rustikal Einfaches mit ländlich Kultiviertem. Eine Reihe abgenutzter Schemel und Bänkchen aus nordamerikanischer Kiefer im Vorraum kontrastiert mit kunstvoller Traditionsmalerei (Mitte 18. Jh.) an Innenwänden und Holzwerk dieses schwedischen Hauses (ausgehendes 17. Jh.).*

Einführung

Die Landhäuser Europas und Nordamerikas sind oft in einer Fülle traditioneller Mal- und Anstricheffekte gestaltet: Farbtünche, Grundieranstriche, Schablonierungen, volkstümliche Malerei, rustikales Marmorieren, traditionelles Maserieren, Kalken, Beizen und Wachsen sowie Patinieren von Keramiken und Metallwaren. Mit solchen Techniken lassen sich im Innen- wie im Außenbereich viele Oberflächen und Gegenstände farblich in rustikalen Mustern und Strukturen gestalten. Zum ästhetisch Ansprechenden und Reizvollen gesellt sich hier der günstige Umstand, daß diese Arbeiten relativ preiswert und leicht auszuführen sind.

Der Trend zum Ländlichen erlebte in den letzten zehn bis zwanzig Jahren einen beachtlichen Boom, der sich nicht nur in den stark bevölkerten Großstädten, sondern auch in den übrigen städtischen Bereichen Europas, insbesondere der skandinavischen Länder, und der Vereinigten Staaten abzeichnete. Er ist Ausdruck des Wunsches, dem hektischen, modernen Getriebe und den ständig sich ändernden, oft oberflächlichen Alltagsmoden zu entfliehen. Das gilt für das Essen oder die Kleidermode ebenso wie für die Art, Wohn- und Lebensräume zu gestalten. Erträumte Alternative ist ein ruhiges, streßfreieres Dasein auf dem Lande, wo die Zeit für ein gemächliches Essen bleibt, wo wir den Duft der Rosen in Ruhe genießen und unser Zuhause wertschätzen können.

Im geschichtlichen Kontext ist dies natürlich nichts Neues. Die *Arts-and-Crafts*-Bewegung Großbritanniens und der Vereinigten Staaten im ausgehenden 19. Jahrhundert hatte die Rückkehr zu traditionellem Design und den alten Normen der Handwerkskunst zum Ziel. Das zeitgenössische Landhaus mit seinen massiven, handgefertigten Möbeln und einfachen volkstümlichen Dekorationen galt angesichts der oft minderwertigen, massengefertigten Güter und Modeexzesse in vielen bürgerlichen Stadthäusern jener Zeit als seriös und beständig.

Auch wenn die Vorstellung vom idyllischen Landleben damals wie heute viel Illusionäres birgt, stimmt es doch grundsätzlich, daß die Innen-

Norwegischer Holzbau: *Teilansicht des farbig gehaltenen Fassadenholzwerks des Holmenkollen Park Hotels in Oslo. 1894 im »Wikinger«-Architekturstil erbaut, knüpft es in romantischer Erneuerung an die geschnitzten, norwegischen Wikingerschiffe und die Tradition der Stabkirchen an. Dieser Trend drückt die Anerkennung der kulturellen Verwurzelung und die stolze Erinnerung an das Wikingerzeitalter aus.*

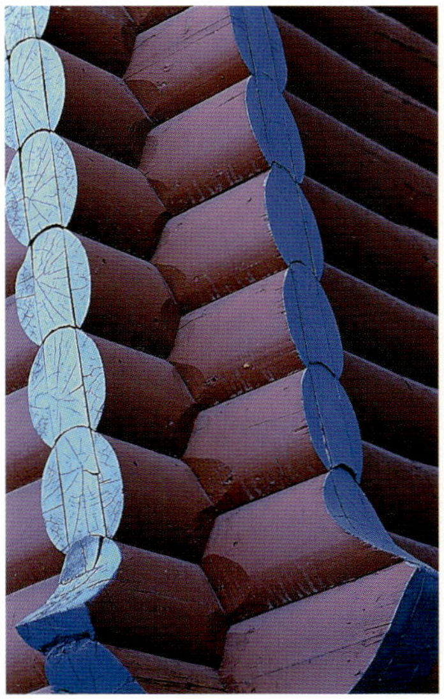

Detail *des Holmenkollen Park Hotels (gegenüber). Die Wände aus Holzbalken sind in traditionellen norwegischen Farben gehalten.*

Dieses spanische Bauernhaus *(19. Jh.) wurde nach einem Großbrand in den 50er Jahren von Architekt Jaime Parlade zu einem Familienhaus umgestaltet. Die rosa-terrakottafarbene Tünche der Putzwände (rotes Erdpigment) dominiert die Umgebung.*

Holzfensterläden *und gelb getünchte Putzwände: eine typische Kombination ländlicher und küstennaher Gebiete Südeuropas.*

Typisch englisches Bauernhaus *in North Devon. Die Strohlehmwände bestehen aus einer Mischung aus Tonerde mit geschnittenem Stroh. Bei der Renovierung wurden atmungsaktive Materialien wie Kalkmörtel, Putz und Farbtünche verwendet, die den Strohlehm vor dem Verrotten bewahren.*

Durfee House *in St. James Park, Los Angeles/Kalifornien. Die Wände dieses um 1880 im eleganten Eastlake-Stil erbauten Hauses sind mit gestrichenen Holzschindeln gedeckt. Oft wird diese Art Haus als »Painted Lady« bezeichnet; dieses hier, wie leicht zu erkennen ist, als »Pink Lady«.*

architektur der Landhäuser bei weitem beständiger und solider war als viele historisch bedeutsame Dekorationsstile der verfeinerten Stadtarchitektur. Das heißt nicht, daß Barock, Rokoko, Regency, Empire und andere Stilrichtungen, die weitgehend die Domäne wohlhabender bürgerlicher Städter waren, nur zufällige Kunstprodukte gewesen wären. Das heißt vielmehr, daß alle im ländlichen Stil neugestalteten oder renovierten Bauten an eine Reihe dekorativer Konventionen anknüpfen, die über Jahrhunderte – manchmal sogar über Jahrtausende – weitgehend unverändert geblieben sind.

Die jahrtausendelang als Finish verwendete Kalktünche hat sich als die beständigste aller ländlichen Anstrichtechniken erwiesen. Sie diente dem Anstrich und Schutz von Putz, Mauerwerk sowie in geringerem Maß von Holzwerk im Innen- und Außenbereich des Hauses. Mit ihrer Lebendigkeit, Tiefe und Leuchtkraft ist sie noch heute dem Überangebot moderner, synthetischer Anstrichfarben weitaus überlegen. Im Kapitel »Farbtünchen« (S. 17–41) erfahren Sie Details über die Anwendung von Kalktünche und darüber hinaus, wie Sie deren Wirkung durch die sanfte, künstliche Abnutzung nicht ätzender und anwenderfreundlicher Dispersionsfarbanstriche (Latex) imitieren können.

Dem einzigartigen ästhetischen Reiz der Kalktünche durchaus sehr ähnlich sind die vielen, von umherziehenden Malern (sie boten ihre Dienste in den ländlichen Gemeinden Europas und Nordamerikas im

Eßraum *eines Jagdhauses (frühes 20. Jh.) in der aufgeforsteten Hakadal-Gegend nördlich von Oslo. Der gekalkte Kieferndielenboden, die Wände aus gebeizten Holzstämmen sowie die volkstümlich bemalten Holzbalken und die Decke sind typisch für das Landhaus in Skandinavien. Bemerkenswert ist die Phantasiemarmorierung in den Fensternischen.*

Detail *eines geschnitzten norwegischen Schränkchens (etwa 1768). Die ländlich phantasiemarmorierten Mittelteile der Türpaneele sind von erdfarben-rot gestrichenen Rahmen umgeben.*

Teil des Treppenaufgangs *im oberen Flur des Jagdhauses (siehe gegenüber). Das geschnitzte Holzgeländer, der Pfosten und der Handlauf sind in Rosarot farbgetüncht mit Abnutzungseffekt.*

Schöne Wandverkleidung *eines norwegischen Landhauses (Mitte 18. Jh.). Die Paneele wurden in Italien handbemalt – eine exzellente Imitation von Intarsienarbeit.*

Historisch bedeutsames Interieur *der Synvis-stua, einem Haus (Mitte 17. Jh.) in der Os-Gegend von Norwegen. 1744 von einem schwedischen Künstler perfekt gestaltet, vereint es volkstümlich bemalte Decken und Wände, ein rustikal maseriertes Bett mit phantasiemarmorierten Paneelen sowie einen eingebauten, rustikal maserierten, marmorierten und volkstümlich bemalten Schrank.*

17., 18. und 19. Jh. an) benutzten traditionellen Anstricharten, die im Nu das typisch Rustikale der jeweiligen Zeitepoche auf Holzwerk und Möbel hervorzauberten. Gewöhnlich vor Ort aus den lokal vorhandenen Pigmenten und Bindemitteln gemischt, entstanden Kaseinfarben, einfache Ölfarben und Ei-Tempera. Hier erfahren Sie ebenfalls, wie Sie diese (umgehend) künstlich abnutzen und altern und dabei den natürlicherweise oft Jahrzehnte in Anspruch nehmenden Prozeß des Verschleißes simulieren können.

Seit dem Mittelalter drücken Wände, Böden, Möbel und Textilien anhand bunter Motive, Muster und Bilddarstellungen in vielen Häusern auf dem Land die persönliche Note ihrer Besitzer aus. Die beiden Grundtechniken waren das Schablonieren und die Handmalerei (oder »Volkskunst«).

Bis vor Ende des 19. Jahrhunderts wurden die meisten Schablonen aus bestimmten Materialien (geölter Karton oder Papier, Leder und Holz) von Hand ausgeschnitten. Inspirierende Muster lieferten die Natur und das alltägliche, bäuerliche Leben, so daß die ländlichen Motive der Maler und Dekorateure (aber auch vieler Hausbesitzer) Blumen, Blätter, Vögel, Wild und Haustiere umfaßten, die auf alle möglichen Oberflächen aufgebracht wurden. Sich regelmäßig an der Wand wiederholende Schablonenmuster dienten der Nachahmung gemusterter Tapeten, die bis in die 70er Jahre jenes Jahrhunderts sehr teuer und oft nur in städtischen Gegenden erhältlich waren.

Eine englische Küche *mit vielen Finishs. Von den blanken Holzdielen und einfach gestrichenen Wänden hebt sich eine sorgsam ausgewählte Sammlung praktischer wie dekorativer Gegenstände ab: ein antiker, gebeizter und polierter Windsor-Stuhl, geschnitzte Holzlöffel sowie Brot- und Käsebretter, Vorratsbehälter aus Kupfer, Glas und Steingut sowie ein Weidenkorb.*

Farmhaus in den USA: *Blau und grün gestrichener mexikanischer Schrank mit Abnutzungseffekt und in Rot und Blau gehaltener jamaikanischer Hocker – Beispiele einfacher, bunter Landmöbel.*

Die blau grundierten *Schranktüren mit Abnutzungseffekt bringen in diese spanische Küche eine farblich kühle Komponente. Gelb getünchte Wände sorgen für sonnige Helle in der kleinen, dunklen Vorratsecke.*

Nachgestaltung *eines ländlichen Badezimmers im Stil des 19. Jahrhunderts in einem mittelalterlichen Stadthaus der Lot-et-Garonne-Gegend/Frankreich. Für die pseudo-kalkgetünchten Wände wurden Weiß, gelber Ocker und Umbra gebrannt gemischt. Der Wäscheschrank (19. Jh.), links, erhielt ein glattes, graublaues Finish aus Farbe auf Ölbasis.*

In weitaus größerem Ausmaß als das Schablonieren – das gegen Ende des 19. Jahrhunderts durch seriengefertigte Schablonen weit verbreitet war, aber zunehmend einfallsloser wurde – erlaubte die Volksmalerei den Hausbesitzern auf dem Land (oder dem jeweils beauftragten Künstler) eine persönliche Gestaltung. In ihrer einfachsten Art bestand diese Volkskunst aus einigen gut plazierten, einfachen handgemalten Motiven auf einer Schranktür oder einer oberen Wandbegrenzung. Waren talentierte Künstler am Werk, konnten diese dekorativen Malereien jedoch durchaus mit gewissen Wandgestaltungen der italienischen Renaissance konkurrieren.

In vielen Ländern finden sich Beispiele ausgeprägter Volkskunst, aber einige der hervorragendsten stammen aus schwedischen und norwegischen Häusern des späten 17., 18. und 19. Jahrhunderts. Mit großer Kunstfertigkeit und Detailgenauigkeit wurden historische Ereignisse dargestellt. Dieses Niveau erreichten jedoch nur die begabtesten Volkskünstler.

Heimdekorateuren viel leichter zugänglich waren die Techniken des Marmorierens und Holzmaserierens, wie sie sich überall auf dem Land finden. Die traditionelle rustikale Marmorimitation unterscheidet sich wesentlich von ihrem verfeinerten Pendant in den Städten. Bemüht sich letztere um eine genau gemalte Imitation von echtem Marmor und anderen dekorativen Steinarten (z. B. Porphyr), deutet die ländliche Art der Marmorimitation

Der schablonierte Fries *an den Bretterwänden dieses Landhäuschens bei Houston/Texas ist deutschen, umherziehenden Malern Ende des 19. Jahrhunderts zu verdanken. Eine kürzlich vorgenommene Renovierung brachte ihn nach Abtragen alter Farbschichten zum Vorschein. Auch der Schaukelstuhl mit Längsstreben-Rückenlehne (frühes 19. Jh.) ist schabloniert.*

Ein großer Schrank im Shaker-Stil *(um 1870) mit intakter roter Originalfarbe. Zur Imitation der Zeichnung und Maserung von Kirschbaumholz wurde damals durch die noch nasse Farbe ein Pinsel gezogen.*

Interieur an der Wende zum 18. Jahrhundert *im Stil der US-Nordstaaten mit matt blaßblauen Wandpaneelen, schabloniertem Fußboden und original bemalten Sheraton-Phantasiestühlen um ein Ahorntischchen.*

das entsprechende Gestein oft nur an. In Skandinavien finden sich in vielen ländlichen Interieurs farbenprächtige, bizarr geäderte Marmorimitationen, die nur sehr entfernt, wenn überhaupt, echtem Marmor ähneln, was sie aber nicht weniger eindrucksvoll macht. Ähnlich läßt auch das rustikale Holzmaserieren meist nur eine ungefähre Vorstellung von den fein gezeichneten und komplex gemaserten echten Harthölzern zu – ganz im Gegensatz zu den kunstvoll gearbeiteten Imitationen in Stadthäusern, wo die gemalten Versionen selbst bei genauer Betrachtung oft von echtem Holz nicht zu unterscheiden sind.

Das vorliegende Buch enthält auch ein Kapitel über einige traditionelle Finishs wie Kalken, Beizen und Wachspolieren, die einerseits das Holz schützen und andererseits seine natürliche Schönheit besonders hervorheben. Des weiteren gibt es ein Kapitel über Keramiken und Metallwaren mit den einfachen Techniken der künstlichen Alterung und Patinierung.

Im Anhang des Buchs finden Sie Beschreibungen der benötigten Werkzeuge und Materialien, der Vorbereitung von Oberflächen, des Mischens von Anstrichen und Lasuren sowie die unentbehrlichen Hinweise für die Gesundheit und Sicherheit.

Rechts: *Ein Wandhängeschränkchen und eine Kommode von rustikaler Konstruktion. Sie waren – wie auch die hölzernen Vorratsbehälter im Raum – grundiert worden. Jetzt zeigen die Farben aufgrund ihres Alters natürliche Abnutzungserscheinungen.*

Oben und links: *Zwei Anwendungen von Kalktünche: In sehr verdünnter Form auf dem aus Ästen gefertigten Tischchen (Nordamerika) sorgt sie für sanfte Farbgebung und Schutz vor Feuchtigkeit und Insekten. In wesentlich deckenderer Form im Waschraum eines französischen Landsitzes ist sie atmungsaktiver Feuchtigkeitsschutz.*

Farbtünchen

Jahrhundertelang wurden verputzte, roh beworfene oder auch hölzerne Oberflächen von Landhäusern bevorzugt mit Farbtünche gestaltet. Dabei sind drei Arten zu unterscheiden: Kalktünche, Leimfarbe und wasserverdünnbare Anstriche auf Öl- oder Wasserbasis. Letztere werden gewöhnlich auf Holz aufgebracht; sie lassen dessen feine, typische Maserungen durchscheinen. Kalktünche kann weiß oder abgetönt sein und als Anstrich auf Außen- wie Innenwänden dienen, die aus traditionellen Materialien wie Lehmflechtwerk, Strohlehm und Kalkbewurf bestehen und atmen müssen.

Kalktünche ist einer der ältesten Schutzanstriche für Putz, Mauerwerk und in geringerem Umfang auch für Holz. Schon um 8000 v. Chr. wurde sie an einfachen Bauten ausgeführt. Bis Mitte des 19. Jahrhunderts war sie besonders in ländlichen Gegenden das Anstrichmittel schlechthin. Mit der Einführung moderner Baumaterialien sowie serienmäßig hergestellter Synthetikanstriche und -tünchen beschränkte sich ihre Anwendung jedoch allmählich nur noch auf alte, aus traditionellen Materialien (z. B. Strohlehm) bestehende Gebäude, die durch moderne, nicht atmungsaktive Anstriche sehr schnell verrotten würden. In den letzten Jahren rückte der ästhetische Reiz der Kalktünche jedoch wieder in den Blickpunkt. Dies führte sogar dazu, daß sie auf Oberflächen Anwendung fand, die sie aufgrund ihrer Beschaffenheit gar nicht benötigen. Zudem kann sie an Innenwänden recht überzeugend imitiert werden, wenn moderne Anstrichfarben und Lasuren beim Trocknungsvorgang leicht abgenutzt werden. (Siehe die ausführliche Beschreibung von Kalktünchenimitation auf S. 40–41.)

Auch wenn die Zusammensetzung der Kalktünche zu verschiedenen Zeiten und in

Links: *Die in Weiß gehaltenen Wände bilden einen guten Kontrast zur gestrichenen Holzverschalung, den gebeizten Fußbodendielen sowie den mit Wachs polierten Möbeln dieses Interieurs (Kolonialstil, 18. Jh. – einfühlsam von Stephen Mack, einem Experten auf diesem Gebiet, restauriert).*

Ein Wohnraum *in einem von Stephen Mack restaurierten Haus (18. Jh.) auf Rhode Island/USA. Die Bretterwände sind mit Kaseinfarbe gestrichen. Die Kalkbestandteile der Farbe haben dem Holz zugute kommende fungizide und insektizide Eigenschaften (so, wie die Kalkanteile in der Kalktünche auch verputzte und roh beworfene Oberflächen schützen).*

Blick auf die Feuerstelle *des oben abgebildeten Wohnraums. Da die früher auf Putz und Steinwerk (z. B. Steinsturz und Stützen der Feuerstelle) aufgebrachte Kalktünche und Leimfarbe leicht kreideten, waren sie ein weniger verläßliches Finish als die für Holzpaneele, Tischlerarbeiten und Möbel verwendete Kaseinfarbe.*

unterschiedlichen Regionen etwas variierte, bestand die Basistünche doch immer aus in Wasser gelöschten Kalkbrocken, dem Kalkteig. Dieser Kalkteig wurde dann mit Wasser und einer wetterfesten Substanz, z. B. Talg (ein tierisches Fett) oder rohem Leinöl, vermischt. Das Ergebnis ist eine milchartige Tünche, die mehrmals aufgestrichen zu einem deckenden, reinen Weiß auftrocknet. Je nach Licht- und Wetterverhältnissen kann dieses Weiß eine strahlende, sogar blendende Leuchtkraft haben (starke Sonneneinstrahlung) oder dunkler und matt kreideartig wirken (Bewölkung oder Regen).

Diese weiße Basistünche läßt durch Zugabe von Pigmenten ein vielfältiges Anwendungsspektrum zu. Früher bestanden die Pigmente aus lokal vorhandenen Erdfarben (z. B. verschiedene Tonerden), aber auch aus Nebenprodukten der Bergbauindustrie (z. B. Kobalt, Kupfercarbonat, Eisen- und Chromoxid sowie Cadmium). Einer der ästhetisch reizvollsten Effekte der Kalktünche ist, daß diese Pigmente in Verbindung mit der Basistünche eine enorme Reinheit und Tiefe entfalten. Auch bleichen sie im Laufe der Zeit sanft aus und nehmen aufgrund eines allmählich stattfindenden chemischen Veränderungsprozesses oftmals ein reizvoll geflecktes oder streifiges Aussehen an. Solche Eigenschaften fehlen modernen, uniformen Anstrichfarben und Tünchen.

Abgesehen von diesen äußeren Erscheinungen haben auch zahlreiche physikalische

Die Küche *eines kürzlich renovierten Fachwerk-Stilhauses. Die modernen Putzfüllungen zwischen den Holzplanken erhielten einen hellen, erdfarbenen und Kalktünche imitierenden Anstrich aus Dispersionsfarben (Latex). Traditionelle Füllungen aus Lehmflechtwerk dagegen benötigen zur Luft- und Feuchtigkeitszirkulation ein Finish aus echter Kalktünche.*

Die Wände dieses Eßzimmers *(16. Jh.) der Frog Pool Farm in Avon/England wurden mit einer Mischung aus Ocker- und Indischrot getüncht – Farben, die zur Eichenbalkendecke und den um einen Eichenklapptisch (17. Jh.) angeordneten Cromwell-Lederpolsterstühlen einen harmonischen Hintergrund bilden.*

Kalktünchenimitation *an den Wänden eines anderen Raums der Frog Pool Farm (siehe rechts und gegenüber). Es gibt diverse Techniken, Farbtünche aus synthetischen Dispersionsfarben künstlich abzunutzen. Eine der effektvollsten wird auf den Seiten 40–41 beschrieben.*

Imitierte Kalktünche mit Abnutzungseffekt *ziert andere Wände der Frog Pool Farm. Die alte Holztür mit steinernem Bogen – heute eine Innentür – war vermutlich zur Zeit Edwards III. der Haupteingang. Der Windsor-Stuhl datiert aus dem 18., der Walnußtisch aus dem 17. Jahrhundert.*

Imitierte, gescheuerte Kalktünche *an den Wänden einer mittelalterlichen englischen Abtei über der gebeizten Eichenholzvertäfelung. Der Effekt entsteht durch Trockenstreichen rotbrauner Dispersionsfarbe auf rosaroter Eierschalenfarbe oder durch das Einarbeiten rotbrauner Wachspolitur.*

Angefärbte Leimfarbe *auf den Putzwänden eines Bauernhauses (19. Jh.) in East Sussex/England. Die Farbe stammt von Pigmentpulvern lokaler Tonerde. Das fleckig-streifige Aussehen entstand durch allmähliche chemische Veränderungen der Pigmente.*

Diese traditionell-ländliche Küche *in Devon/England wurde von ihrem Besitzer Guimond Mounter gestaltet. Neben den Windsor-Stühlen trägt das terrakottafarbene Leimfarbenfinish an den Wänden und der Decke viel zum individuellen Gepräge bei.*

Traditionsgemäß wurden Kalktünchen *mit Erd- oder Mineralpigmenten aus der umgebenden Landschaft angefärbt. Die terrakottafarbene Leimfarbe an den Wänden des anderen Endes der Küche (links) ist die hellere Version des roten, in Devon vorkommenden Tons.*

Die Küche der Huttswell Farm, *eines restaurierten Bauernhauses in North Devon/England. Moderne Dispersionsfarben konnten auf den alten Strohlehmwänden nicht aufgestrichen werden, da sie die Feuchtigkeit gehalten und das Stroh-Lehm-Gemisch zerstört hätten. Ideal war eine Kalktünche.*

Die Putzwände *eines der Schlafräume des Hauses in Devon (oben und gegenüber) wurden mit Makulaturpapier abgedeckt und dann mit einer leuchtend gelben Kalktünche gestrichen. Im vollen Sonnenlicht entfaltet diese eine synthetischen Anstrichen weit überlegene Farbintensität.*

Das leicht streifige Aussehen *der gelb getünchten Wände eines weiteren Raums des Hauses in Devon (S. 22) wirkt aufgrund der chemischen Veränderungen der Pigmente durchaus natürlich. Ein solcher Effekt kann jedoch beim Auftragen eines anderen Anstrichs auch durch großzügige Pinselstriche imitiert werden.*

Eigenschaften der Kalktünche zu ihrer jahrhundertelangen Verbreitung beigetragen. Dazu gehört in erster Linie ihre Atmungsaktivität. Dies ist von besonderer Bedeutung für Wände aus Lehmflechtwerk und Strohlehm (eine Mischung aus Tonerde und geschnittenem Stroh), aber auch solchen mit Kalkbewurf und Putz. Die Kalktünche ist auch äußerst wichtig für Wände, denen sogenannte Absperrschichten fehlen. Die aus der Erde oder Luft Feuchtigkeit aufnehmenden traditionellen Baumaterialien vermodern, wenn Luft und Feuchtigkeit nicht zirkulieren können. Die Kalktünche verringert durch ihre Halbdurchlässigkeit einen Wasserstau, das heißt, sie läßt vorhandene Feuchtigkeit austreten, ohne (wie moderne Anstrichfarben) Blasen zu werfen. Zudem hat die Kalktünche auch eine ausgesprochen desinfinzierende Wirkung, da Löschkalk ätzt. Das heißt, sie wirkt auf Holzfachwerk, Tischlerarbeiten und blankem Holz als Insektenschutz (besonders gegen den Holzwurm). Für verputzte oder roh beworfene Küchenwände ist sie ein hygienisches, antibakterielles Finish. Deshalb war es in vielen Bauernhäusern und Landhäuschen bis spät ins 19. Jahrhundert Tradition, jedes Frühjahr die Küchenwände zu scheuern und neu zu kalken.

Vorhergehende Doppelseite: *Obere Diele des 1916 in der norwegischen Hakadal-Gegend nördlich von Oslo erbauten Jagdhauses. Der Treppenaufgang aus Holz, die Fensterrahmen und oberen Deckenbalken sind in einem Rosa-Orange gestrichen.*

Der cremegelbe Kalkanstrich *auf den grob verputzten Wänden und an der Decke besteht aus einer Mischung von Kalkgrundanstrich mit gelbem Ocker. Sorgen Sie bei der Herstellung von Kalktünche für eine ausreichende Menge, da ein späteres Nachmischen selten denselben Farbton ergibt.*

Ein Kalkgrundanstrich *auf den grob verputzten Wänden eines englischen Cottage. Weiße Kalktünche entfaltet sich bei veränderten Lichtverhältnissen jeweils anders: Starkes Sonnenlicht läßt sie leuchtend weiß erscheinen, ein bewölkter Himmel dagegen dunkler und kreidig matt.*

Das Mischen traditioneller Kalktünche *ist eine Sache, die Herstellung moderner Acryldispersionsfarbe (Latex) eine andere. Der volle Ton dieser pfirsichfarbenen Kalktünche zeigte sich auf den grob verputzten Wänden des englischen Bauernhauses erst nach völligem Durchtrocknen.*

Mit Kalk angeworfene Strohlehmfüllungen *zwischen den Holzbalken im Badezimmer eines westenglischen Cottage. Die blaßgelbe Kalktünche ist gut geeignet, die Feuchtigkeit und das Kondenswasser des Wanduntergrundes verdunsten zu lassen.*

Moderne Lichtschalter *und Steckdosen – für gewöhnlich aus weißem Kunststoff bestehend – sehen auf traditioneller Kalktünche unpassend aus. Da Kalktünche auf Kunststoff nicht haftet, wurden diese Schalter und Steckdosen mit passender Synthetikfarbe gestrichen.*

Ebenfalls lange Tradition hat die Verwendung von Kalktünche an öffentlichen, sakralen und großen privaten Gebäuden größerer Städte und Orte. Die Römer kalkten beispielsweise den Hadrianswall und den berühmten Weißen Turm des Tower von London. Obwohl in den meisten skandinavischen Städten die Kalktünche bis in die 50er Jahre das am meisten benutzte Finish für die Außenwände öffentlicher wie Wohngebäude war, wird sie meist mit der auf dem Land üblichen rustikalen Architektur (besonders Bauernhäuser und Landhäuschen) in Verbindung gebracht.

Das europäische Mittelalter bediente sich der Kalktünche an Innen- und Außenwänden sowie an den hölzernen bzw. steinernen Mittelpfosten der Fenster. Typische Farben waren Weiß und diverse Erdfarben (Braun-, Grün- und Rottöne), die den Hintergrund für schablonierte Geometrie- oder Blumenmuster und von Hand ausgeführte Wandmalereien abgaben. Ähnlich waren auch die Putzwände in vielen Tudor- und elisabethanischen Häusern kalkgetüncht und mit Schablonenmustern oder dekorativen Wandbehängen geschmückt.

Die weiß gestrichenen Wände *bilden einen kühlen, neutralen Hintergrund für die einfachen Möbel dieses ehemaligen Hauses eines Priesters bei Montalcino/ Italien. Das hölzerne Kruzifix, ein schmiedeeisernes Bett und der nackte Steinboden (nur durch einen abgenutzten Ethnoteppich belebt) betonen die klösterliche Kargheit.*

Links: *Hell terrakottafarben gestrichene Wände kontrastieren mit dem Grün der Tür und des Holzwerks im Treppenaufgang des provinziellen, französischen Stadthauses (18. Jh.). Die Terrakottafarbe ähnelt dem Farbton der in dieser Gegend vorkommenden Tonerde.*

Weiß gestrichene *Schlafzimmerwände in einem niedrigen Steinhaus bei Montalchino/Italien, das 1798 erbaut und jetzt renoviert wurde.*

Gebrochen weiße Kalktünche *auf grob verputzten Wänden eines Schlafzimmers auf den Kanarischen Inseln/Spanien. Beim zarten Frühabendlicht nimmt sie einen weichen, ruhevollen Farbton an, der mit den Möbeln und der Stimmung des Raums korrespondiert.*

Malvenfarbene Farbtünche *auf einem holzgerahmten Wandpaneel in einem Haus auf den Kanarischen Inseln/Spanien. Solch kräftige Farben finden sich auf Putzwänden im gesamten mediterranen Raum. Durch Absorption von Sonnenlicht wirken sie vor allem während der Sommermonate kühl.*

Dunkel terrakottafarbene Kalktünche *an den Wänden dieser Halle eines spanischen Landhauses. Auch wenn Terrakottafarben aus vielen warmen Rottönen bestehen, umfängt die matt-dunkle Wandfläche alle aus der oft sengenden Hitze Eintretenden mit wohltuender Kühle.*

Das grob verputzte, *von Stein und Terrakottafliesen umrahmte Spülbecken dieser spanischen Landküche ist, wie auch die Wände, kalkgetüncht. Von Vorteil sind die fungiziden Eigenschaften der Kalktünche, aber auch, daß sie leicht abgewaschen, gescheuert und rasch überstrichen werden kann.*

Die Salonecke *eines Hauses auf Gran Canaria/Spanien. Die Kombination weißer und terrakottafarbener Kalktünche erzeugt eine kühl-lichte Atmosphäre. Obwohl Kalktünche rustikal wirkt, kann sie bei eleganter Möblierung sehr effektvoll sein (hier ein in Stadthäusern typisches Stilsofa).*

Die in hellem Lindgrün *und malvenfarben kalkgetünchten Wände dieses mediterranen Hauses bringen, vor allem im Süden, optisch Kühle in Räume, ohne sie dunkel oder düster zu machen. Optimal ist meist die Kombination von zwei (oder mehr) Farben – eine reflektierend, eine absorbierend.*

Vom 17. bis zur Mitte des 19. Jahrhunderts blieb die Kalktünche in ganz Europa und Nordamerika allgemein für grob verputzte Innen- und Außenwände von Landhäusern in Gebrauch, beschränkte sich jedoch in nobleren Häusern, als die Tapete in Mode kam, zunehmend auf weniger wichtige Räume. In Europa variierten die Farben von Gelbbraun über Senffarben bis zu Dunkelrot – meist die Farben lokaler Gesteinsarten oder Tonerden. In den kühleren nördlichen Klimazonen dominierten weiche Farben wie Creme, Blattgrün, sanfte Rosatöne und Sandfarben, während die Farben der heißeren südlichen Regionen leuchtender, satter und vibrierender waren, z. B. Anilingelb oder Malvenblau.

Die Farbpalette Skandinaviens umfaßte cremefarbenen Ocker, gelbbraunes Orange (mit grünlichem Einschlag) und nicht zuletzt Lachsrosa und Rostbraun. In Nordamerika, wo der Gebrauch der Kalktünche in der rustikalen Architektur der puebloindianischen und spanischen Gemeinden von New Mexico bereits eine lange Tradition aufwies, waren die im Kolonialstil des 18. Jahrhunderts erbauten Gebäude glatt oder rauh verputzt, teils verschalt und in Weiß oder kräftigen, matten Erdfarben getüncht, z. B. in Rotbrauntönungen, Ringelblumengelb, Terrakottafarbe und schmutzigem Butterblumengelb.

Ein anderer Grund für die Abkehr von der Kalktünche lag in der aufwendigen Herstellung des Löschkalks und Kalkteigs. Zudem stellten die

Oben und links: *Die rosarot farbgetünchten Bretterwände dieses um 1830 erbauten Hauses in Texas sind original. Sie wurden anläßlich einer Renovierung, nach Abkratzen diverser darüberliegender Farbschichten, entdeckt. Die vermutlich stark wasserverdünnte Kaseinfarbe läßt die Zeichnung und Maserung des Holzes gut durchscheinen.*

entstehenden giftigen Dämpfe für die Maler und Dekorateure ein großes Gesundheitsrisiko dar. So wurde ab Mitte des 19. Jahrhunderts die Kalktünche für Innenräume allmählich durch die Leimfarbe ersetzt. Diese bestand aus Schlämmkreide, Wasser, Tierleim und – falls eine Tönung erwünscht war – Farbpulver. Sie verursachte kaum gesundheitliche Schäden und war leichter als Kalktünche zu mischen und aufzutragen.

Heute gibt es die Leimfarben fertig in Weiß oder in einer Reihe traditioneller Farben im Spezialhandel (siehe Bezugsadressen, S. 170–173). Da sie sich aber nach dem Mischen nur drei Tage halten, müssen die zu behandelnden Oberflächen bereits vorbereitet sein. Klären Sie vor dem Kauf, ob die Leimfarbe alaunhaltig ist, da dies die Schimmelbildung verhindert.

In der zweiten Hälfte des 19. Jahrhunderts begann man mit den sogenannten Absperrschichten zu arbeiten, mit Zementputz und wasserabweisenden Ziegelsteinen, das heißt, die Wände waren jetzt nicht mehr atmungsaktiv. So wurde die Kalktünche als Finish für solche Wände unnötig (bzw. unpassend). Völlig problemlos konnten jetzt an den Innenwänden Tapeten angebracht werden, ohne daß sie sich wieder abhoben. Undurchlässige Anstrichfarben auf Ölbasis und die späteren (20. Jh.) Acryldispersionen (Latex) boten besseren Schutz und leichtere Handhabung für Innen- und Außenräume. Dennoch konnte sich die Kalktünche als authen-

Oben und rechts: *Zwei Beispiele sehr unterschiedlicher Art von Tünche: Die rein weiße, in mehreren Schichten angelegte Kalktünche auf der Bretterverschalung unterhalb der Treppe läßt als deckendes Finish die Maserung des Holzes völlig verschwinden. Ganz im Gegensatz dazu betont die blaue, schleierartige Farbschicht auf dem französischen Provinzschrank die natürliche Holzzeichnung.*

Happy
Christmas

tisches und ästhetisch wünschenswertes Finish für aus traditionellen Materialien erbaute Gebäude halten.

Wenn Sie traditionelle Kalktünche mischen und auftragen möchten, finden Sie bei etlichen Lieferanten (siehe Bezugsadressen, S. 170–173) bereits mit rohem Leinöl und Pigmenten vorgemischten Kalkteig. Dies erspart Ihnen vor allem das zur Herstellung von Kalkteig gefährliche Löschen des Kalks und die damit verbundene Entstehung giftiger Dämpfe. Allerdings müssen Sie sich genau an die Gebrauchsanleitung und Sicherheitsvorkehrungen halten, da Kalktünche ätzt und bei Kontakt mit der Haut, besonders aber mit den Augen, zu Verbrennungen führen kann.

Neben dem Kalktünchen und der später folgenden Anwendung von Leimfarbe hat es seit Ende des 17. Jahrhunderts auf dem Land eine spezielle Methode des Farbtünchens gegeben. Während bei den Erstgenannten durch verschiedene Aufträge eine deckende Schicht aufgebaut wird, bedient sich das alternative Farbtünchen sehr dünner Anstriche auf Öl- oder Wasserbasis, durch deren feinen Farbschleier der Untergrund schimmert. Diese Technik erfordert an Wänden den Auftrag eines

Lichte, cremegelb kalkgetünchte Wände *hellen diese überfüllte, typisch englische Landhausküche auf. Im Beispiel gegenüber erhielt die Küchenanrichte (Kiefer) ein Finish aus Farbtünche mit rustikaler Maserierung in der Art von Harthölzern. Die großen Astknoten verraten jedoch das darunterliegende Weichholz.*

Mit Schwalbenschwanzverbindungen *gearbeitete Kisten für Decken – hier ein nordamerikanische Exemplar – wurden seit dem 15. Jahrhundert aus diversen Hölzern angefertigt. Kiefer erhielt meist eine Farbtünche aus verdünnter Kaseinfarbe, durchscheinender Lasur (verdünnte Ölfarbe) oder Lack.*

Links: *Englisches Kiefernbüfett mit einer Sammlung farbenprächtig glasierter Keramik. Das mahagonirote Finish stellt eine Mischung aus locker verstrichener Farbtünche und grob rustikaler Maserung dar.*

Ständig der Witterung *ausgesetzte Gegenstände aus Holz erhalten zum Schutz vor Feuchtigkeit oder gar Fäule meist eine Farbtünche oder einen Anstrich. Dieses nordamerikanische Vogelhaus ist mit weißer und brauner Kalktünche gestrichen – dekorativ und nützlich zugleich.*

deckenden Grundanstrichs in einer zu den nachfolgenden zarten Farbschleiern kontrastierenden Farbe. Außerdem werden hier Pinselspuren bewußt nicht verwischt, da sie dem Finish mehr strukturierende Fülle und Muster verleihen.

Auf Möbeln stellt sich diese Technik meist etwas anders dar: Die dünnen Farbschleier werden auf blankem Holz (einer Grundierung vergleichbar) aufgestrichen, so daß die Zeichnung und Maserung des Holzes recht gut durchschimmert. Diese Methode des Farbtünchens kann mit wasserverdünnbarer Leim- oder Kaseinfarbe (S. 42–65), mit modernen Dispersionsanstrichen (Latex) oder mit ölhaltigen und mit Testbenzin verdünnten Anstrichfarben durchgeführt werden. Das Verhältnis des Lösungsmittels (Wasser oder Testbenzin) zur Leim- oder sonstigen Farbe wird je nach erwünschter Transparenz variieren. Finden Sie Ihre Mischung durch Ausprobieren. Eine empfehlenswerte Basismischung besteht aus 1 Teil Farbe und 6 Teilen Lösungsmittel. Testen Sie diese an einer unauffälligen Stelle, und verdünnen Sie sie nach Bedarf.

Rechts: *In diesem Regalteil eines Nebenhäuschens (Nordamerika) versammeln sich eine Reihe Behälter. Die Schachteln im Shaker-Stil und die Teigmischschalen sind gestrichen, der Eimer und der Nistkasten farbgetüncht.*

Kalktünchenimitation an Wänden

In diesem Kapitel wird eine Technik vorgestellt, bei der Wandflächen imitativ in einer Weise gestaltet werden, wie es in ländlichen Gegenden traditionsgemäß mit roh beworfenen und verputzten Wänden geschah. Verschiedene Farben stehen Ihnen dafür zur Verfügung, doch Rostrot und Gelbbraun kommen den Erdfarben am nächsten, die früher der Kalktünche beigemischt wurden. Dabei handelt es sich jedoch um Synthetikfarben, das heißt, die Untergründe dürfen keinesfalls atmende Wände, z. B. aus Strohlehm, sein.

Was Sie brauchen

Abdeckband Zum Abkleben von Fußleisten, Kaminsimsen etc.

Weiße Eierschalenfarbe Die erforderliche Menge errechnen Sie aus den Wandmaßen. Richten Sie sich nach der Gebrauchsanweisung auf dem Farbkübel.

Großer Standardmalerpinsel Am besten eignet sich ein 10–15 cm breiter Pinsel für den Grundanstrich und das Kalktünchenimitat. Die Eierschalenfarben-Grundierung kann auch mit einem Farbroller aufgetragen werden.

Behälter zum Mischen Zwei 2,5 Liter fassende Behälter aus Plastik oder Metall.

Mattweiße Dispersionsfarbe (Latex) Sie benötigen etwa 2,5 Liter als Basis für das Kalktünchenimitat.

Universalabtönpasten Umbra natur/Siena gebrannt

Acryllasur (Latex) Etwa 2,5 Liter; am besten langsam trocknende.

Cellulosefüllstoff Etwa 0,5 Kilogramm.

Testbenzin (Lösungsbenzin) Zur Reinigung der Pinsel von der Eierschalenfarbe.

Lagen von Zeitungspapier Die Druckerschwärze darf bei Nässe nicht sofort abgehen.

Fusselfreier Lappen Zur Reinigung.

1 Die Umgebung abdecken und mit dem großen Malerpinsel oder Farbroller zwei Schichten Eierschalenfarbe auftragen. Jede Schicht 24 Stunden trocknen lassen. Stellen Sie nach folgendem Rezept 1 Liter Lasur her: 50% mattweiße Dispersionsfarbe (Latex), 10% Umbra natur Abtönpaste, 20% Siena gebrannt Abtönpaste und 20% Acryllasur (Latex). Den Cellulosefüllstoff einmischen (Verhältnis: 15% Füllstoff und 85% Lasur). Die Lasur auf 2 Quadratmeter Wandfläche grob auftragen und sofort zu Schritt 2 übergehen.

2 Eine große Einzellage Zeitungspapier auf die nasse Lasur aufdrücken. Sofort wieder abziehen und auf der gesamten Lasurfläche wiederholen. Das Papier verursacht einen Abnutzungseffekt mit diversen Strukturen und Farbveränderungen. Die Zeitung wird jeweils in einem anderen Winkel angelegt, damit das Finish möglichst viele Unregelmäßigkeiten aufweist. Arbeiten Sie sehr rasch, und wechseln Sie sofort zum nächsten Bereich über, wobei Sie die Schritte 1 & 2 möglichst schnell wiederholen. Die verschiedenen Bereiche sollten sich leicht überlappen.

3 Sobald die Wandfläche vollständig bearbeitet ist, mindestens 8 Stunden trocknen lassen. Stellen Sie dann einen weiteren Liter Lasur her (80% mattweiße Dispersionsfarbe/Latex und 20% Acryllasur/Latex), die mit dem großen Malerpinsel auf der Wand aufgetragen wird. Die Lasur ist leicht transparent, läßt also die darunterliegende Schicht etwas durchschimmern und mildert gleichzeitig das Strukturmuster ab.

4 Das Einmischen von Cellulosefüllstoff in die Kalktünchenlasur erfüllt zwei Bedingungen. Zum einen erhält das Finish dadurch eine gröbere Struktur, was an rauhen Kalkbewurf erinnert, der ursprünlich den Untergrund für eine Kalktünche bildete. Zum anderen werden Wandbereiche, die über einen größeren Füllstoffaufbau verfügen, mehr von der zweiten Lasur aufsaugen als andere mit weniger oder keinem Füllstoff. Dies verleiht dem Finish ein leicht unebenes bzw. fleckiges Aussehen, was authentischer wirkt als die in Schritt 1 aufgetragene glatte Lasur.

Oben und links: *Nützlich als Stauraum ist das gelb gestrichene Küchenbüfett (Kiefer) im typisch frühen Neuengland-Stil. Der aufhängbare »Wandkasten« auf dem einfach gestrichenen Beistelltisch mit Kiefernplatte (preiswert) und Untergestell aus Hartholz (stabil) dient der Aufbewahrung kleiner Dinge.*

Künstliche Abnutzung von Anstrichen

Nicht nur das Farbtünchen, sondern auch der einfache Farbanstrich gehörte zur Oberflächengestaltung von Holz im Innen- und Außenbereich von Landhäusern. Bis Ende des 19. Jahrhunderts waren vorgemischte Farben jedoch nur in den Städten erhältlich. Umherziehende Maler mußten deshalb vor Ort ihre eigenen Farben zusammenstellen und die wenigen mitgeführten Materialien entsprechend ergänzen. Viele dieser vorindustriellen Anstrichfarben sind ebenso praktisch, bunt und dauerhaft wie ihre modernen synthetischen Äquivalente.

Bis zum 20. Jahrhundert waren vorgemischte Anstrichfarben auf dem Land selten zu finden. Deshalb mußten die meisten lokalen und umherziehenden, in den ländlichen Gegenden Europas und Nordamerikas ihre Dienste anbietenden Maler und Dekorationskünstler eigene Farbmischungen unter Einbeziehung lokal vorrätiger Materialien herstellen. Um den Ansprüchen der Landbewohner für den Anstrich ihrer Tischlerarbeiten und Möbel gerecht zu werden, verwendeten sie eine Reihe ästhetisch sehr ansprechender Mittel, die moderne Anstriche oft nicht erreichen.

Jahrtausendelang wurde Holz mit Kalktünche (S. 17–41) gestrichen. Als Finish von Holzwerk und Möbeln war sie jedoch nicht sehr vorteilhaft – besonders wenn sie aus ungereiftem Kalkteig oder im falschen Verhältnis gemischt war –, da sie gerne kreidete und daher Spuren auf Kleidungsstücken etc. hinterließ. Zudem war ihre Zubereitung recht gefährlich und obendrein zeitaufwendig.

Das ist der Grund, weshalb vor allem in Norwegen, Schweden und Dänemark jahrhundertelang für Holzwerk und Möbel Leimfarbe (S. 34–38) verwendet wurde. Aus Schlämmkreide (pulverisierte Kreide), Wasser und Tierleim hergestellt und mit Pigmentpulver abgetönt, bietet sie schöne, satte Farben, die im Lauf der Zeit reizvoll pudrig zu wirken beginnen. Leimfarbe hat jedoch, wie auch die Kalktünche, empfindliche Nachteile – besonders die Tendenz, sich bei starkem Gebrauch abzu-

Während einer kürzlich *von Stephen Mack, Restaurator und Innenarchitekt, vorgenommenen Restauration dieses amerikanischen Hauses im Kolonialstil (18. Jh.) konnten von einer Holzwandverkleidung fünf im Laufe der Jahre aufgetragene Farbschichten sorgfältig abgekratzt und die blaugrüne Originalkaseinfarbe freigelegt werden.*

In dieser Diele *wurden zur Betonung architektonischer Merkmale und Proportionen verschiedenfarbige Anstriche eingesetzt. Treppe, Fuß- und Sockelleiste sind in blauer Kaseinfarbe gehalten, die beiden Wandbereiche in mattgrüner und cremefarbener Dispersionsfarbe (Latex).*

Unterteilte Paneelschranktüren *und korrespondierende Wandverschalungen müssen selten durch unterschiedliche Farben zusätzlich hervorgehoben werden. In kleinen Räumen ist ein einfarbiger Gesamtanstrich eher geeignet, sie optisch zurücktreten, also nicht zu dominierend werden zu lassen.*

Eßzimmer *(frühes 18. Jh.) in einem Haus in New Hampshire/USA. Die Wände sind in Spitzkeilverschalung gehalten und mit grüner Kaseinfarbe gestrichen. Licht und Luft führen zu chemischen Veränderungen und lassen den Anstrich streifig und verblichen aussehen.*

Die Holzwände *und darin eingepaßten Türen dieses Mennoniten-Blockhauses sind mit grüner und roter Kaseinfarbe (beliebte Farbtöne im 18. Jh.) gestrichen. Das 1737 erbaute Haus wurde später von Lancaster County nach Chester County in Pennsylvania/USA gebracht.*

reiben und bei Feuchtigkeit abzublättern oder Blasen zu werfen.

So stellte sich die Kaseinfarbe als wesentlich bessere Alternative heraus, setzte jedoch voraus, daß der Holzuntergrund trocken war. Die auch als Milch- oder Buttermilchfarbe bekannte Farbe galt Malern (wie auch zahlenden Klienten) als sinnvoll, da ihre Bestandteile preiswert und jederzeit erhältlich waren, die Vorbereitung und Anwendung viel einfacher und die Farbe selbst satter und dauerhafter. Kaseinfarbe wurde durch Abtönen von Buttermilch oder entrahmter Milch (in von Bauern bewirtschafteten Regionen meist reichlich vorhanden) mit Erd- oder Pflanzenpigmenten lokaler Tonerden und Pflanzen hergestellt. Häufig wurde etwas Kalk zum Schutz vor unliebsamen Insekten und Pilzwachstum auf dem Holz dazugegeben.

Die meist in einer oder zwei Schichten direkt auf dem Holz aufgetragene Kaseinfarbe trocknet zu einem glatten Finish mit sehr feinem Schimmer auf. Sie bietet eine reine, deckende – modernen Synthetikfarben oft weit überlegene – Farbqualität, die im Laufe der Zeit sehr weich wird. Zudem gibt sie im Gegensatz zu den meisten Dispersionsfarben

Links: *Unter den Dachschrägen einer umgebauten, um 1840 am Stadtrand von Bath/England erbauten Mälzerei wurde dieser Schlafraum eingerichtet. Die Nut-und-Feder-Wandverschalung und dicken Balken sind in halbmatter Eierschalenfarbe gehalten.*

Cremegelbe Kaseinfarbe *auf Wandverschalung und Putzdecke sowie weiße Dispersionsfarbe (Latex) im Bereich der Wanne verleihen diesem Badezimmer (USA) eine warme, licht-luftige Atmosphäre. Der Stuhl mit Querstreben-Rückenlehne und der Schemel sind in weißer – jetzt vermutlich wegen der Badezimmerfeuchtigkeit abblätternder – Kaseinfarbe gestrichen.*

bei der Verarbeitung einen recht angenehmen Duft ab.

Obwohl die Kaseinfarbe viel in Europa und Skandinavien verwendet wurde, wird sie meist mit den Interieurs im Kolonialstil (18. und frühes 19. Jh.) an der Ostküste Nordamerikas assoziiert. Wandbretter und Holzverschalungen, Kaminsimse, Treppenaufgänge, Fensterrahmen, Fußleisten und eine Fülle von Holzgegenständen waren fast alle mit diesem Finish gestaltet.

Wer heute Kaseinfarbe auf Holzwerk, Möbeln oder Gegenständen aus Holz aufbringen möchte, sieht sich in der glücklichen Lage, von diversen Farbenherstellern (S. 170–173), die ein ganzes Sortiment Kaseinfarben in den authentischen Farben der Kolonialzeit herstellen, beziehen zu können. Die meisten entsprechen den Originalkaseinfarben für Holz und Möbel des 18. und 19. Jahrhunderts, wie sie in historischen Gegenden, zum Beispiel dem kolonialen Williamsburg in Virginia/USA, zu finden sind. Allerdings enthalten die modernen Äquivalente gemäß derzeitiger Sicherheitsnormen keinen Kalk.

Im Gegensatz zur Kaseinfarbe war Ei-Tempera relativ kostspielig und deshalb nur in wohlhabenden Häusern besonders Skandinaviens zwischen

Vorhergehende Doppelseite: *Wohnzimmer eines renovierten Hauses in den USA (Kolonialstil, etwa Mitte des 18. Jh.). Die bretterverschalten Wände und die Türen sind in rostroter Kaseinfarbe gestrichen, eine gut zu den Steinplatten des Bodens passende Farbe.*

Typisches Shaker-Interieur *(19. Jh.). Der halbhohe Holzsockel, die Türen, Fenster und sonstiges Holzwerk sind in graublauer Kaseinfarbe gehalten. Der an der Wand umgekehrt aufgehängte Stuhl mit Querstreben-Rückenlehne (um 1840) ist traditionsgemäß mit gelber Farbe auf Ölbasis gestrichen. Auf der Kommode steht ein wundervoll geschnitzter Hutstock.*

In vielen Teilen Skandinaviens, *besonders den ländlichen Gegenden Schwedens und Norwegens, wurde Kaseinfarbe häufig für Holzwerk im Freien verwendet. Hier kontrastiert ein hellblauer Fensterrahmen mit der blanken Kiefernholzverkleidung des Hauses.*

Plantagenfarmhaus *um 1840 in Georgia/USA: Weiße Kaseinfarbe auf der Bretterwandverschalung, braune auf Türen und Fußleisten sowie graublaue auf dem Stuhl mit leiterartiger Rückenlehne. Er stammt aus Shenendoah Valley in Virginia/USA (18. Jh.).*

Die Holzeingangstür *und Bretterwände der Diele eines Mennoniten-Blockhauses besitzen noch ihre original rote Kaseinfarbe (Kolonialstil). Heute stellen Spezialfarbenfabrikanten die typischen Kaseinfarben der Kolonialzeit her: Rot-, Gelb-, Creme-, Blau- und Grüntöne.*

Blick auf den Eingangsbereich *eines alten, mit Holzschindeln verkleideten Hauses (18. Jh.), das von Stephen Mack völlig restauriert wurde. Die Bretterwände und Tür im Vordergrund sind mit einer authentischen dunkelroten Kaseinfarbe (Kolonialstil) gestrichen.*

Blick auf das Wohnzimmer, *das vom Eingangsbereich des vorher gezeigten Hauses abgeht (S. 51, unten rechts; 18. Jh., Kolonialstil; Restaurator: Stephen Mack). Die Vorratsschränke sind im gleichen dunklen Rot wie früher gestrichen. Stephen Macks Hauptaugenmerk lag auf dem Kaschieren der modernen Wasser- und Stromleitungen.*

Fensterladen, *in dessen innerem Paneelbereich die Originalkaseinfarbe verwittert ist, so daß das Holz durchscheint.*

Tür, Sockel- und Fußleiste *des auf S. 44 gezeigten Raums (Kolonialstil, 18. Jh.). Stephen Macks Entdeckung der originalen, wenn auch etwas brüchigen graublauen Kaseinfarbe unter den darüber aufgetragenen Farbschichten ist ein Beweis für die Dauerhaftigkeit früherer Farbmittel.*

dem 17. und 19. Jahrhundert zu finden. Es waren nicht so sehr die einzelnen Bestandteile, die den hohen Preis ausmachten, sondern die lange Trocknungszeit jeder Schicht. Die Farbe war also für die umherziehenden Maler unwirtschaftlich, da diese durch möglichst schnelle Arbeiten auf ihr Geld kommen mußten.

Die Temperafarbe wird aus einer Mischung von Pigmentpulver, Leinöl, Wasser und Eigelb hergestellt und ist eine äußerst haltbare Emulsionsfarbe mit feiner, durchscheinender Qualität, die sich gut für anspruchsvolles Mobiliar eignet. Aufgrund ihrer langwierigen Anwendung (was sie teuer machte) kam sie jedoch kaum für größeres Holzwerk in Frage. Heute gibt es sie in einer Reihe fertiger, authentischer Farben in Künstlerbedarfsläden (siehe Bezugsadressen, S. 170–173).

Zu Beginn des 17. Jahrhunderts setzten sich in Europa weitgehend Ölfarben durch. Wie die Ei-Tempera waren auch sie teurer als Farben auf Wasser- oder Kaseinbasis, weshalb ihr Gebrauch vor dem 19. Jahrhundert – bevor sie serienmäßig hergestellt und dadurch billiger wurden – meist auf noblere Landhäuser beschränkt war. Doch hatten Ölfarben gewisse Eigen-

Rechts: *Ein modernes, mit Holzplanken verschaltes Haus, ganz im Chester-County-Stil (18. Jh., Nordamerika). Das Holzwerk ist in authentischem Williamsburg-Blau (Kaseinfarbe) gehalten. Der Stuhl mit Querstreben-Rückenlehne und geflochtener Sitzfläche ist aus Obstbaumholz gefertigt.*

Indianische *Teppiche, Töpferwaren und sonstige Gegenstände im Raum auf Boden, Tisch, Schrank und Regal verteilt – neben einer Reihe von Vorratsbehältern, Produkten europäischer Siedler. Die mit blauer Kaseinfarbe gestrichenen Hölzer sind durch jahrelangen Gebrauch und Witterungseinflüsse verblichen und abgeblättert.*

Kleiderschrank aus Kiefer *(Nordamerika, 19. Jh.): zwei Kaseinfarbschichten in dunklerem Rot auf einer heller roten Schicht.*

Hängeschrank, *der kürzlich einen Kaseinanstrich erhielt und durch Abschmirgeln mit Schleifpapier künstlich gealtert wurde.*

Alter Schrank *(18. Jh.) in sehr abgenutzter grüner Originalfarbe (Kasein), insgesamt jedoch noch gut intakt. Er ziert die Küche eines Bauernhauses (18. Jh.) in Maine/USA. Die Holzvorratsschränkchen unter den Arbeitsflächen erhielten einen neuen gebrochen weißen Kaseinfarbenanstrich.*

Großer, blauer Schrank *in einem Haus im Santa-Fe-Stil in New Mexico/USA, dessen Kaseinfarbenanstrich auf natürliche Weise gealtert ist. Wie auch die beiden seitlich stehenden Stühle und der Ethnoteppich wirkt er im Vergleich zu den weißen Wänden, der Holzbalkendecke und dem Dielenboden wie ein großer Farbtupfer.*

schaften, die Malern wie Auftraggebern gleichermaßen gefielen. Erstens ergaben sie auf Holzwerk und Möbeln ein extrem hartes und dauerhaftes Finish – ein enormer Vorteil gegenüber vielen Anstrichen auf Wasserbasis beim Reinigen und bei starker Benutzung. Zweitens erhielten die Oberflächen einen attraktiven Glanz, der dunkle Farben in ihrer Tönung noch satter machte. Drittens war ihre Trocknungszeit zwar länger als die von Leim- und Kaseinfarbe, aber nicht so lange wie die von Ei-Tempera. Viertens waren sie anpassungsfähig, das heißt, sie konnten auf großen Flächen recht dick aufgetragen werden, so daß auch weniger als die üblicherweise empfohlenen drei Schichten ausreichten. Zudem konnten sie mit Terpentinöl zu Lasuren verdünnt werden, die für spezielle dekorative Techniken wie Marmorieren (S. 110–113) und Maserieren (S. 126–129) gut geeignet waren.

Eine traditionelle Ölfarbe vor Ort zu mischen, war eine recht arbeitsintensive Prozedur. Der Maler zerrieb die verschiedenen Pigmente mit einem Reibstein auf einer Steinplatte zu Farbpulver. Dann rieb er das Pulver in Öl an, wobei oft Schlämmkreide (gereinigte, pulverisierte Kreide) dazugegeben wurde, um die Pigmente aufzuhellen und der Mischung Festigkeit zu verleihen. Es wurden verschiedene Öle verwendet, doch erhitztes Leinöl (Leinölfirnis) war am gebräuchlichsten. Beim nächsten Schritt fügte man dann Terpentin und mehr Öl hinzu, wobei das Mischungsverhältnis variierte, je nachdem welche der drei Basisschichten der Maler mischte. Traditionsgemäß war die erste Schicht beziehungsweise Grundierung relativ dünn, das heißt, Öl und Terpentin wurden jeweils zur Hälfte verwendet. Die zweite Schicht bzw. Unterschicht war dicker, das heißt, sie enthielt zwei Drittel Öl und ein Drittel Terpentin. Die dritte oder Deckschicht wurde nur mit Leinöl verdünnt. Die traditionelle Alternative zu diesem System der drei Schichten war die Mischung einer separaten, andersfarbigen Grundierschicht. Sie ist oft an alten Möbelstücken zu erkennen, wenn sie noch über ihren Originalanstrich verfügen; die Deckschicht blättert und trägt sich ab, aber die Grundier- und Unterschichten bleiben erhalten.

Anfang des 20. Jahrhunderts begannen Chemiker und Hersteller von Künstlerbedarf, Mischungen von gemahlenen Pigmenten und Öl in kleinen Flaschen anzubieten. Erwarb ein Maler diese, mußte er zur Verarbeitung nur noch Terpentin und mehr Öl dazumischen. Obwohl dies eindeutig arbeitssparend war, existiert eine Auffassung, nach der diesen vorgemischten Pigmenten im Vergleich zu den handvermahlenen Versionen früherer Jahrhunderte Vitalität und Struktur fehle.

Unabhängig von Qualität oder Typ der verwendeten Anstrichfarbe führen Einflüsse wie Luft, Licht, Feuchtigkeit und Dampf sowie die tägliche Inanspruchnahme zu Abnutzung und Beschädigung. Dies kann sich unterschiedlich auswirken: Zum Beispiel wird

Küchentisch aus Kiefer *(Ende 18. Jh.) mit traditioneller dunkelroter Kaseinfarbe. Solche Finishs erfreuten sich vor allem während der Kolonialzeit an der Ostküste der Vereinigten Staaten großer Beliebtheit. Die Farbe ist an besonders stark strapazierten Stellen (Ecken und Kanten) abgenutzt und abgesprungen.*

Tisch *(Ende 18. Jh.) in einer nordamerikanischen Küche mit einer Gruppe von Stühlen und einer Tischplatte aus Brettern. Die Stuhlfarben sind nicht original und zeigen Spuren starker Abnutzung. Die gelbe Kaseinfarbe des Tisches wurde jahrelang immer wieder erneuert und hat als Folge regelmäßigen Wachsens und Polierens einen feinen Glanz.*

Amerikanischer Vorratsschrank, *gebaut im 19. Jahrhundert. Die vielen seither erfolgten Farbaufträge sind mittlerweile stark abgenutzt.*

Gestrichener *und künstlich abgenutzter Kiefernhängeschrank im Wohnbereich einer restaurierten Scheune in Massachusetts/USA.*

Grün gestrichener, *walisischer Schrank (18. Jh.). Er hatte Anfang des 20. Jahrhunderts eine dünne weiße Tünche erhalten.*

Amerikanisches Schränkchen *(Anfang 19. Jh.) aus Kiefernholz mit abgenutzter und abblätternder Originalkaseinfarbe.*

Kommode *mit natürlich abgenutztem Anstrich (19. Jh., Nordamerika). Die Kaseinfarbe hat durch tägliche, über einen langen Zeitraum erfolgte starke Beanspruchung sehr gelitten. Solche Effekte sind mit bestimmten Techniken (S. 62–65) leicht nachzuahmen.*

Gestrichener Holzkasten: *Ursprünglich als Besteckkasten gedacht, dient er heute der Aufbewahrung von Stoffpuppen. Solche einfachen, auf Stoßfuge gearbeiteten Konstruktionen waren meist gestrichen (hier mit blauer Kaseinfarbe), manchmal jedoch auch mit einfachen Schablonenmustern oder handgemalten Motiven verschönert.*

Eine Sammlung *Schneidbretter aus Platane, Buche, Ahorn und Kiefer (Anfang 20. Jh., Nordamerika), teils mit schön gestrichenen Rändern.*

Gestrichener Kerzenkasten *mit Herzmuster – einem der zeitlosen ländlichen Motive. Der Kasten stammt aus dem frühen 19. Jahrhundert.*

Vorratsbehälter *im Shaker-Stil, mit Dampf in Form gebogen, waren einst mit Kasein- oder Farbe auf Ölbasis gestrichen und lackiert.*

Aufhängeleiste *im Shaker-Stil. Die Formen der Kleiderhaken waren ein Charakteristikum der herstellenden Shaker-Gemeinden (18. und 19. Jh.).*

Gestrichener Puppenschemel *Eine Sammlung holzgerahmter Miniaturschiefertafeln lehnt an einer grob aus Holz gezimmerten, stark abgestoßenen Vorratskiste. Trotz ihrer Spielzeuggröße dienten die Schiefertafeln den Kindern beim Buchstabieren-, Schreiben- und Lesenlernen.*

Das Reißen, Aufplatzen und Abblättern *der Farbe dieser Früchteschale kann viele Ursachen haben: zufälliges Anschlagen, täglicher Gebrauch, regelmäßige Feuchtigkeit von außen oder durch feuchtes Holz von innen.*

Gestrichenes Holzfäßchen für Bestecke: *Vor dem 20. Jahrhundert waren die meisten Kochutensilien und Bestecke aus Holz geschnitzt oder gedrechselt. Für gewöhnlich handelte es sich um unbehandeltes oder leicht geöltes Holz; manchmal waren die Griffe aber auch gestrichen.*

Diese original amerikanischen Holzkästen *unterscheiden sich in Farbe, Größe und Form. Als einfache praktische Gegenstände waren sie aus Weichhölzern (z. B. Kiefer) gefertigt. Anstelle attraktiver Holzmaserungen dominiert hier ein kräftiger Anstrich.*

Aus jeweils fünf Brettern gefertigte Schemel *verschiedener Größen, die durch häufigen Gebrauch ihren blauen Kaseinanstrich teils eingebüßt haben. Frisch und leuchtend kontrastiert dazu der mit Dampf rund geformte und rot gestrichene (Ölbasis) Holzbehälter. Ölanstriche schützen Holz vor Wasser und Feuchtigkeit.*

Feuchtigkeit an der Oberfläche oder im darunter befindlichen Holz den Anstrich reißen, aufplatzen und abblättern lassen. Längerfristige Einwirkung von direktem Sonnenlicht wird zu chemischen Veränderungen in den Pigmenten führen und sie ausbleichen. Und an stark strapazierten Stellen von Möbeln wird die Farbe leiden – an Stühlen zum Beispiel die Vorderseite des Sitzes und der Beine, an Kommoden die Griffe, Kanten, vorderen Füße und Deckplatten. Solche natürlichen Abnutzungen bezaubern oft durch einen ästhetischen Charme, der das Alter des jeweiligen Möbelstücks reizvoll betont. So ist auch in dieser Weise imitiertes Mobiliar oft ansprechender als makellos glattes.

Mit den entprechenden künstlichen Abnutzungs- und »Antikisier«techniken sind solche natürlichen Verbrauchs- und Verschleißerscheinungen auf neuen oder wieder gestrichenen Möbeln einfach herzustellen. So kann Wachs unter dem Anstrich aufgetragen werden, um ein Abblättern beziehungsweise Nichthaften der Farbe zu erzielen; kann Lasur zur Imitation von Holzwurmspuren aufgesprenkelt werden; kann Farbe mit Schleifpapier angeschliffen werden, um ein Ausbleichen durch Sonnenlicht oder Abwetzen durch ständigen Gebrauch nachzuahmen.

Ausführlich beschrieben sind alle diese Techniken auf S. 151–161.

Kommode mit Abnutzungseffekt

Die unten abgebildete Kommode ist von den Spuren der Zeit geprägt, vom Alterungsprozeß, wie er sich auf gestrichenen Oberflächen von Holzmöbeln infolge des Einflusses von Sonnenlicht, Feuchtigkeit, Schmutz und allgemeinem Verschleiß vollzieht. Ein solches Finish kann mit modernen Acrylfarben (Vinyl) auf Wasserbasis glaubhaft hergestellt werden. Besonders zauberhaft und authentisch wirken jedoch die Originalkaseinfarben, wie sie die umherreisenden Maler Nordeuropas und Nordamerikas im 18. und 19. Jahrhundert bevorzugten.

Was Sie brauchen

Testbenzin Zur Beseitigung von Fettrückständen vor dem Anstrich.

Fusselfreies Tuch Wie oben.

Schleifpapier (Mittlere Körnung) Zum Abnutzen und Aufrauhen gestrichener Oberflächen.

Abecktuch (Oder Lagen alter Zeitungen).

Anstrichfarben Rostrote und mittelblaue Kaseinfarbe. Bei Eigenherstellung: weißes Kaseinfarbpulver, rote, schwarze und blaue Künstlerpigmentpulver.

Plastikeimer (Wenn Sie Ihre eigene Kaseinfarbe herstellen).

Pinsel Drei Standardmalerpinsel, 5 cm breit; ein kleiner Künstlerpinsel.

Möbelwachs (Ungetönt oder getönt).

Heißluftfarbentferner Gegebenenfalls benötigen Sie Netzanschluß und Verlängerungsschnur.

Rasierklingen Nehmen Sie Bügelklingen.

Klarer Polyurethanlack Sie benötigen matten und seidenglänzenden.

Transparente Acryllasur (Öllasur).

Künstlerölfarben Umbra natur und Schwarz zum Abtönen der Öllasur.

Stahlwolle Sorte 00.

Tripelerde Feines, graues Kalksteinpulver.

Eimer mit Kaseinfarbe *können Sie im Fachhandel (S. 170–173) fertig gemischt kaufen, oder Sie stellen Ihre eigenen her: Mischen Sie weißes Kaseinfarbpulver mit Künstlerpigmentpulvern (nach Gebrauchsanweisung).*

1 Die Kommodenoberfläche mit Tuch und Testbenzin von Schmutz und Fett befreien. Ist sie bereits gestrichen oder lackiert, mit Schleifpapier aufrauhen. (Blankes Holz erhält eine Grundierschicht.) Sobald die Oberfläche sauber und trocken ist, zwei Schichten rostroter Kaseinfarbe mit einem Standardmalerpinsel auftragen. Jede Schicht mindestens 12 Stunden durchtrocknen lassen.

2 Etwas Möbelwachs in Testbenzin auflösen und mit einem anderen Standardmalerpinsel die Stellen der Kommode dünn beschichten, wo die blaue Deckfarbe abblättern soll. Um ein natürlich wirkendes Finish zu erreichen, beschränken Sie sich auf die üblicherweise stark strapazierten Stellen wie oberes und unteres Ende der Kommode, Schubladenvorderseiten, Griffe und Umgebung.

3 Sobald das Wachs getrocknet ist, zwei Schichten mittelblaue Kaseinfarbe mit einem weiteren Standardmalerpinsel auftragen. Jede Schicht muß vor dem Auftragen der nächsten durchtrocknen. Vermutlich halten Sie einen dritten blauen Anstrich für nötig, damit der kräftig rote Anstrich nicht durchscheint. Da Sie aber die Deckschicht sowieso abnützen wollen, muß dieser nicht so perfekt sein.

4 Wenn die letzte blaue Schicht ganz durchgetrocknet ist, »fönen« Sie mit dem Heißluftfarbentferner im Abstand von 15 cm die in Schritt 2 mit Wachs behandelten Stellen. Sobald die Farbe warm wird, beginnt sie Blasen zu werfen und löst sich von der rostroten Grundschicht. Fahren Sie umgehend mit Schritt 5 fort, da die Farbe sonst wieder abkühlt und somit die Blasen in sich zusammenfallen.

5 Schaben Sie mit einer rechtwinklig zur Oberfläche gehaltenen Bügelklinge (Rasierklinge) über die Farbblasen. Bei leichtem Druck werden kleine, unregelmäßig geformte Stücke der blauen Deckfarbe abblättern und den rostroten Untergrund freigeben. Stärkerer Druck dagegen wird auch die rote Unterschicht mitlösen und das blanke Holz zum Vorschein bringen. Wieviel Farbe Sie entfernen, ist eine Gestaltungsfrage. Für ein natürliches Finish empfiehlt es sich, einige Blasen stehenzulassen und die Freilegung des blanken Holzes auf die üblicherweise stark strapazierten Stellen der Kommode (Kanten, Griffe und Umgebung etc.) zu beschränken. Sobald Sie einen Bereich beendet haben, gehen Sie zum nächsten über und wiederholen die Schritte 4 & 5. Ist zuviel blankes Holz sichtbar, tragen Sie mit dem kleinen Künstlerpinsel auf einige Stellen zwei Schichten rostrote Kaseinfarbe auf.

6 Reiben Sie mit dem Schleifpapier mittlerer Körnung leicht über die abgenutzten Stellen, um die harten Farbkanten zu glätten und die Farbflecken in das Gesamtfinish zu integrieren. Sie können aber auch sonstige blaue Bereiche zart mit dem Schleifpapier schmirgeln, damit die blaue Farbe natürlich verblichen wirkt – so wie gestrichenes Holz aussieht, das immer wieder direkter Sonne ausgesetzt ist.

7 Wenn Sie mit Ihrem Werk zufrieden sind, kann es durch eine Lackschicht geschützt werden (eine Mischung von mattem und seidenglänzendem Polyurethanlack im Verhältnis 1:1), die Sie mit einem Standardmalerpinsel auftragen. Sie können die Kommode jedoch auch weiter »antikisieren«. Dazu wird der Anstrich abgetönt und an bestimmten Stellen der Kommodenoberfläche eine Staubansammlung imitiert.

8 Verdünnen Sie 250 ml transparente Öllasur im Verhältnis 3:1 mit Testbenzin. Diese Mischung mit etwas Umbra natur und schwarzer Künstlerölfarbe nachdunkeln und mit einem Standardmalerpinsel dünn auf die Kommode auftragen. Die Lasur an der Rückseite der Kommode ausprobieren: Ist sie zu hell, mehr Künstlerölfarbe dazugeben; ist sie zu dunkel, wird sie mit mehr (im selben Verhältnis wie oben gemischter) transparenter Öllasur und Testbenzin verdünnt.

9 Die noch nasse Lasur mit der feinen Stahlwolle leicht abreiben. Dies verteilt die Lasur, trägt sie aber auch etwas ab, so daß sie nicht ganz so gleichmäßig verteilt ist. Auch hier gestalten Sie nach persönlichem Geschmack. Ein meist sehr natürliches Finish ergibt sich jedoch, wenn der Bereich um die Schubladengriffe, alle Vertiefungen sowie die untere Hälfte der Kommode dunkler gestaltet wird.

10 Beenden Sie Schritt 9 möglichst schnell, damit die Lasur noch leicht klebrig ist, wenn Sie jetzt etwas Tripelerde mit dem fusselfreien Tuch einreiben. Tun Sie das mit leichtem Druck, und geben Sie, wenn nötig, mehr von dem Pulver dazu. Es wird stellenweise an der klebrigen Schicht haften und der Oberfläche ein »staubiges« Aussehen verleihen. Ein äußerst realistisch wirkendes Finish erhalten Sie, wenn Sie besonders die Stellen beachten, wo sich Staub natürlicherweise in größeren Mengen ansammelt: Vertiefungen und horizontale Flächen. Sobald die darunterliegende Lasur trocken ist, das überflüssige Pulver mit dem Tuch leicht abstauben. Meist werden Wasserränder auf Möbeln durch einen Untersatz verhindert (z. B. bei Vasen). In unserem Fall tragen jedoch Wasserränder und durch Feuchtigkeit verquollene Farbe zur Authentizität bei.

ANNO 1768

Oben und links: *Die Detailgenauigkeit der »Kastenmuster«-Schablonierung (19. Jh.) an den Bretterwänden eines Hauses nahe Houston/Texas kontrastiert mit den handgemalten Motiven der Deckenbalken eines Jagdhauses in Norwegen (20. Jh.). Der zweiteilige Schrank (1768) trägt originale Phantasiemarmorierung.*

Schablonieren & Volkskunst

Typisch für viele Häuser auf dem Land war eine Innenraumgestaltung mit Schablonenmustern und Freihandmalereien. Dies wurde entweder von den Hausbesitzern selbst oder von umherziehenden Künstlern und Handwerkern ausgeführt und stellte eine einfache Möglichkeit dar, Wände, Böden, Holzwerk und Möbel mit farbigen Motiven, Mustern und Bildern zu verschönern. Außerdem waren diese dekorativen Techniken eine preiswerte Alternative zu Tapeten, Teppichen und Holzeinlegearbeiten, die sich meist nur wohlhabende Stadtbewohner leisten konnten.

Die jahrtausendealte Tradition des Schablonierens ist eine der einfachsten, schnellsten und preiswertesten Möglichkeiten, eine Oberfläche mit farbigen Mustern zu versehen. Diese Technik erfordert kaum künstlerisches Talent und besteht darin, ein Muster oder Motiv (oder eine ganze Reihe davon) anhand ausgeschnittener Schablonen auf einen farblich kontrastierenden Untergrund, wie Holz, Putz oder Stoff, mit Farbe oder Lasur aufzustupfen. Dabei wird die Schablone auf die entsprechende Oberfläche gelegt oder kurzfristig dort befestigt.

In der Vergangenheit wurden dafür eine Fülle von Farben und Lasuren benützt. Je nach Zeitalter fanden Künstlerölfarben, Pflanzen- und Mineralfarbstoffe, Metallfarben, Buttermilch- bzw. Kaseinfarben, Leimfarben, Kautschukemulsionen auf Wasserbasis (Latexfarben) und moderne Acryldispersionen Anwendung. Dementsprechend variierten auch die von den Malern verwendeten Geräte und Gegenstände zum Auftragen dieser Farben und Lasuren. Spezielle Künstlerpinsel, Schwämme und Lappen sind nur einige davon.

Die Schablonen selbst bestanden aus unterschiedlichen Materialien wie dickem, geöltem Papier oder Karton, dünnen Holzscheiben oder Blättern diverser Pflanzen. Heute erfreuen sich Schablonensätze aus vorgeschnittenen, klaren Acetatfolien und Künstleracrylfarben großer Beliebtheit. Bemerkenswert ist der Einfallsreichtum Eingeborener

Schablonierte Wand *der Diele eines Landhauses in Devon/England. Die Blumenmuster sind Kopien einer Schlafzimmerschablonierung im American Museum in Bath/England. Im 18. und 19. Jahrhundert war das Schablonieren in ländlichen Gegenden Europas und Nordamerikas eine preiswerte Alternative zu handbedruckten Tapeten.*

Der Schablonendruck *auf der Flurtapete eines englischen Landhauses ist beispielhaft für viele ähnliche, heute von Tapetenherstellern produzierte Varianten, deren Motive und Muster oft Kopien oder Nachempfindungen der Originale des 18. und 19. Jahrhunderts sind.*

Blumen-Blatt-Motive *auf gestrichenem Makulaturpapier zieren die Wände eines West-Country-Bauernhauses in Südengland. Das traditionelle Schablonenmuster ist eine Kopie von Dekorationen (um 1800), die in der Lower Dairy Farm in Little Hocksley/England entdeckt wurden.*

Schablonenbordüre im »Kastenmuster« *mit stilisierten Blumen-Eckmotiven auf farbgetünchten Bretterwänden im Schlafraum eines Hauses in Texas/USA. Wie der alte, mit sich drehenden Sternen übersäte Quilt des Holzbettes stammt auch die Wanddekoration etwa von 1840.*

Schlafzimmer im American Museum *in Bath/England. Die von Hand schablonierten Wände, der Schaukelstuhl und Bettüberwurf sind typisch für ländliche Interieurs des frühen 19. Jahrhunderts in Nordamerika. Das Blumen-Blatt-Wiederholungsmuster wurde mit Kaseinfarben schabloniert.*

der Fidschiinseln, die jahrhundertelang auf den unterschiedlichsten Oberflächen mit Farben schablonierten, die sie von auf Bananen- und Bambusblättern lebenden Insekten gewannen.

Allgemeiner Konsens besteht darüber, daß die Chinesen die Kunst des Schablonierens etwa 3000 v. Chr. erfunden haben. Ihre Grundlagenmaterialien waren Seide und Papier. Die alten Ägypter schmückten mit Hilfe dieser Technik Gegenstände wie Tonwaren und Mumiensärge. Im Mittelalter zierten oftmals schablonierte Muster die Innenwände von Kirchen in ganz Europa – meist in Form satt roter, grüner und goldfarbener Wappensymbole – und belebten damit die oft düster wirkenden Bauten. In Frankreich dienten Schablonen nicht nur der eleganten Gestaltung von Innenräumen, sondern auch von Textilien, Büchern und Handschriften. Die vornehmen Stadt- und Landhäuser Englands verfügten im 16. Jahrhundert über Schablonierungen auf Wandbehängen (Juteleinen) und kalkgetünchten Wänden. Und vom 14. bis zum 16. Jahrhundert benutzten die Franzosen gar Schablonen zur Produktion prototypischer, handgemalter Tapeten. Leider

Links: *Die Küche eines englischen Landcottage (frühes 19. Jh.). Die grün gestrichene Backsteinmauer oberhalb der Türfassung erhielt einen kleinen, schablonierten Bogen kontrastierenden, goldgelben Blätterwerks. Dies entspricht dem Farbton der abgebeizten Kiefernmöbel.*

Einfache Schablonenbordüre *an der Decke und seitlich des offenen Eingangs einer englischen Bauernhausküche. Der Verlauf dieser Blumen-Blatt-Motive betont die architektonischen Charakteristika und Proportionen des Raums und bringt eine wohltuende Unterbrechung in das Einerlei der gelb getünchten Wände.*

Blattmotive, *inspiriert durch traditionelle Schablonendesigns im St. Fagan's Folk Art Museum bei Cardiff/Wales.*

Das schablonierte Blätterwerk, *bereichert durch eine handgemalte Seilbordüre, belebt kontrastreich die oxidrote Wand der kleinen Küche eines englischen Hauses (18. Jh.). Mit der Farbzusammenstellung würdigt der Besitzer die Tatsache, daß die Küche einst Teil einer Kapelle war.*

Handbemaltes Bücherregal *und bemaltes Kästchen in einem Raum des »Charleston«, einem Bauernhaus in Sussex/England. Im Ersten Weltkrieg war das Haus eine Art »Familien«-Retreat für international einflußreiche Schriftsteller, Künstler und Designer – die sogenannte Bloomsbury group. Dazu gehörten unter anderem Virginia Woolf, Vanessa Bell, Duncan Grant, Roger Fry.*

Die Dekoration über dem Kaminsims *im Gartenzimmer des »Charleston« ist ein Gemälde von Duncan Grant (um 1928). Ursprünglich trugen die beiden barbusigen Frauen einen eingelassenen Spiegel mit einem bemalten, ovalen Rahmen. Da der Spiegel einige Jahre später zerbrach, ersetzte ihn Grant durch eine Segelszenerie und später durch den bis heute erhaltenen Blumenkorb.*

gibt es davon heute kaum mehr etwas.

Ende des 17. und während des 18. Jahrhunderts brachte die Einführung handgemalter Tapeten in Europa, besonders in Frankreich und England, einen Rückgang der Wandschablonierungen in vornehmen Stadthäusern mit sich. Dieser Vorgang wurde durch die Entwicklung bedruckter, serienmäßig hergestellter und dadurch erschwinglicher Tapeten im 19. Jahrhundert noch beschleunigt. Jetzt konnten auch weniger betuchte Stadtbewohner mit ihren reichen Nachbarn mithalten und ihre Räume tapezieren. Es wurde geradezu unwirtschaftlich, einen Maler zum Schablonieren ganzer Wände anzustellen.

Sicher hielt sich die Methode des Schablonierens im 19. Jahrhundert in städtischen Gegenden eine Weile länger. Die Tapeten wurden oft mit Schablonenmustern – einfache, rund um den Raum laufende Bordüren oder Friese und Randleisten in Bild- und Sockelhöhe – kombiniert. In einigen vornehmen, im Stil des Regency, Empire oder der amerikanischen Nordstaaten des 19. Jahrhunderts ausgestatteten Häusern fanden sich an den Decken der Empfangsräume extravagant schablo-

Rechts: *Detail des um 1918 von Bunny Garnett gebauten Kamins im Gartenzimmer des »Charleston« (siehe links). Die Steinimitation wird durch die Kreuzschraffierung an den Kanten der Streben und an der Kaminaufsatzdekoration oben noch bereichert.*

Wände in Volksmalerei *eines etwa 1916 in der Hakadal-Gegend (nördlich von Oslo) erbauten norwegischen Jagdhauses. Die kobaltblauen, abstrakt handgemalten Motive sind auf einer heller blauen Farbtünche aufgebracht; darunter Sims und Fußleiste in Phantasiemarmorierung. Ausführender Künstler war der Italiener Dominico Ertmann, 1917.*

Ofen (18. Jh.) – *blaue Blumengirlanden und Bordüren zieren die handbemalten Keramikfliesen in einem Haus (Ende 18. Jh.) in Odenslunda/Schweden. Eine gemalte Urne schmückt die Mitte des Kaminaufsatzes.*

Ungewöhnliches, im Trompe-l'oeil-Stil *gemaltes Zahngesims und Blätter-Blüten-Girlande entlang dem Fries zieren die Wände eines anderen Raums des schwedischen Hauses (gegenüber).*

Großaufnahme des Details *eines Trompe-l'oeil-Bilderrahmens in obigem Raum. Die Trompe-l'oeil-Arbeiten in ländlichen Gegenden sind künstlerisch schlicht, wirken auf Entfernung jedoch eindrucksvoll.*

Die dreidimensionale Wirkung *des Trompe-l'oeil-Gesimses (siehe oben) entsteht durch einfache Linien in dunkleren und helleren Farbtönungen. Aus der Nähe betrachtet geht der Effekt jedoch völlig verloren.*

nierte Blumen- und Früchtegirlanden, die sich oft auch tiefer an den Wänden herunterzogen. Zu einer regelrechten Wiederbelebung von Schablonendekorationen an Wänden und Möbeln kam es dann unter dem Einfluß der *Arts-and-Crafts*-Bewegung und des Jugendstils. Dennoch galt gegen Ende des 19. Jahrhunderts für die meisten Stadtbewohner eine intensive Anwendung handschablonierter Dekorationen als völlig überholt.

Nicht so auf dem Land. Ganz im Gegenteil. Hier hielt sich die Tradition des Schablonierens als viel benutzte, modisch-dekorative Methode bis ins 20. Jahrhundert hinein. Die Gründe dafür waren hauptsächlich wirtschaftlicher und technischer Natur: Erstens waren die im 17. und 18. Jahrhundert eingeführten Tapeten meist viel zu teuer und zudem in abgelegeneren Gegenden (z.B. in den nordamerikanischen Kolonien und in großen Teilen Skandinaviens) nicht erhältlich. Zweitens blieben Tapeten – auch als sie in der zweiten Hälfte des 19. Jahrhunderts durch die Massenproduktion preiswerter wurden – eine unzureichende Alternative für unter jahreszeitlicher Feuchtigkeit leidende Holz- und Putzwände. So bot sich als technisch besser geeignete und relativ preiswerte Möglichkeit das Schablonieren zur Imitation tapezierter Innenräume an. Zudem stellte die Schablonierung von Holzböden oder von preiswerten Bodentüchern eine günstige Alternative zu den teuren, oft auch gar nicht erhältlichen,

Dieses norwegische Landhaus – *zwischen 1796 und 1798 erbaut – hat sich zum Teil seine vor 1820 fertiggestellten Originaldekorationen bewahrt. Die blaue, farbgetünchte Bretterwand oberhalb des Sockels wurde durch eine einfache, mit einer handgemalten Blütengirlande umschlungenen Trompe-l'oeil-Leiste verziert (nur unvollständig erhalten).*

gemusterten Teppichen dar, die zunehmend in städtischen Gegenden Verwendung fanden.

Aber abgesehen davon war gegen Ende des 18. Jahrhunderts die rustikale Form des Schablonierens auf dem Land eine respektierte Form der Volkskunst. Sie war in Europa, insbesondere in Skandinavien, und in Nordamerika meist die Domäne umherziehender Künstler und Handwerker und wies – von geringen, regionalen Stilunterschieden und etwas variierenden Motiven abgesehen – eine gemeinsame Basis auf. Dies erklärt sich daraus, daß die meisten Schablonierer europäischer Herkunft waren, die nordamerikanischen zum Beispiel aus Nordeuropa und Skandinavien oder anderen Teilen des nördlichen Europas kamen und ihre dortigen Traditionen hier fortführten. So ähneln viele handschablonierten Motive und Muster von Wänden, Böden, Bodentüchern, Holzwerk, Möbeln und Gebrauchsgegenständen im ländlichen Nordamerika der Kolonialzeit den ausladenden und prächtigen Schablonierarbeiten vieler holländischer (17. Jh.), schwedischer und norwegischer Interieurs (18. Jh.). Die meist mit Buttermilch-, Leim- oder einfachen Farben auf Ölbasis aufgebrachten Motive und Muster

Paneelmalerei *auf der rustikal maserierten Tür des Olen-Bauernhauses in Aludal/Norwegen (um 1750 erbaut). Die von Blumenmotiven gesäumte Maserung verläuft bis zur Türeinfassung und am Sockel.*

Handgemalte Blumenbordüren *in einem anderen Raum des Olen-Bauernhauses. Diese wie auch die links gezeigten Dekorationen wurden etwa 1822 fertiggestellt.*

Rechts: *Ein Schlafzimmer des links gezeigten Hauses Sigefstad. Handgemalte Blumengirlanden winden sich um Trompe-l'oeil-Leisten. Auf den Türpaneelen sind im chinesischen Stil Szenen einer norwegischen Ernte von Hand aufgemalt.*

entstammten der Natur: Girlanden aus Blüten, Blättern, Früchten und Beeren sowie einheimischen Tieren und Vögeln gehörten zu den bekanntesten.

Während der zweiten Hälfte des 19. Jahrhunderts verwischten sich durch die Kommerzialisierung des Schablonierens und Einführung von Fertigschablonen (»Kastenmuster«-Schablonen) die geringen regionalen Unterschiede. Statt individuell hergestellter Schablonen (aus geöltem Papier, Karton, Holz oder Leder) konnte der Handwerker jetzt bereits ausgeschnittene Schablonen in verschiedenen Größen, Mustern und Motiven erwerben. Damit die angefertigten Arbeiten aber nicht zu uniform wirkten, wurden sie verschönert und verbessert, das heißt, sie erhielten Glanzlichter, Schattierungen und kleine handgemalte Details.

Solche individuellen Elemente, wie sie jeder Maler in seine Arbeit einbrachte, sind in der Volksmalerei – einer anderen wichtigen, jahrhundertelang in Häusern auf dem Land praktizierten Dekorationsmethode – noch viel ausgeprägter. In Europa hat sie ihre Wurzeln in den mittelalterlichen handgemalten Wandbildern an den Innen-

Links: *Der Seehandel im frühen 19. Jahrhundert zwischen Norwegen und China brachte solche im chinesischen Stil bemalten Türpaneele des Schlafzimmers im Haus Sigefstad (siehe auch S. 76–77) hervor.*

Die Bretterwände *eines Schlafzimmers in Aset – norwegische Landvilla in der Osterdalen-Gegend (spätes 18. Jh.) – sind mit einem einfachen, schablonierten Blumenmotiv verziert. Die ausgefeiltere, volkstümlich bemalte Schubladenfront des Schreibpults zeigt Szenen, die der Künstler Sjolie Anfang des 19. Jahrhunderts von einem französischen Teppich kopierte.*

Bemalter Schrank *(um 1822 bemalt) im Olen-Bauernhaus/Norwegen. Neben rustikal maserierten Wänden und einem maserierten oberen Vorsprung zieren den Schrank volkstümlich bemalte Paneele mit Naturszenen und abstrakten Motiven. Der Stuhl erhielt Phantasiemaserierung.*

Dieser Schrank, *1744 von einem schwedischen Künstler bemalt, steht in der Synvis-stua – einem weitläufigen, 1668 nahe Oslo/Norwegen erbauten Landhaus. Der untere Teil des Schranks ist rustikal maseriert, hat seitliche »Kieselmarmor«-Paneele und eine volkstümliche Paneeltür.*

Eine volkstümlich bemalte Kommode *(18. Jh.) im Hintergrund, durch eine Türöffnung im Olen-Bauernhaus in Aludal/Norwegen zu sehen. Die um 1822 handbemalte Kommode zeigt auf der Vorderseite Blumenmotive, die ihre Entsprechung in der Blumenbordüre um die Tür und entlang der Wand im Vordergrund finden.*

Og Timen er forbi
Og naar jeg slager tre
Nu er den rette Tid
Herre for denne rolige
Nattetid

Links: *Bemalte Standuhr von 1777 in einem Jagdhaus (frühes 19. Jh.) in der Hakadal-Gegend nördlich von Oslo/Norwegen. Eine handgemalte Inschrift, nautische Motive über dem Uhrwerk und stilisierte Insektenmotive am unteren Kasten. Zudem eine blaue Phantasiemarmorierung rund um das Zifferblatt, die Inschrift und den unteren Kasten sowie goldene Randbemalung im oberen Bereich.*

Detail des dänischen Tisches *(1750) in Aas Gard (rechts). Er wurde von Hand mit fließenden skandinavischen Rokoko-Blumen-Blatt-Motiven bemalt. (Die Tischplatte ist aus Fayence.)*

Schablonierte Wandvertäfelung *aus deutscher Fichte, die in Italien bemalt und in einem Raum in Aas Gard, einem norwegischen Landhaus (vor 1750 gebaut und 1852 renoviert), angebracht wurde. Das Gemälde stellt Thomas Fearnley dar, einen Künstlerfreund des berühmten englischen Malers Turner. Der Tisch ist dänischen Ursprungs.*

Großer Kiefernschrank *(1774) aus der Uppland-Gegend Schwedens. Seine Türpaneelen und Randleiste zieren handgemalte Rosen. Die oberen Paneele sind rustikal-marmoriert eingefaßt.*

Volkstümlich maserierter *Kleiderschrank (19. Jh.). Das kreuzschraffierte Muster auf den Türpaneelen gilt wohl als amüsante Nachahmung des Drahtgitters am ländlichen Küchenschrank.*

Geschnitztes, volkstümlich *bemaltes Bett der Mora Farm in einem abgelegenen Teil Schwedens. Wie meist auf dem Land wurde ein umherziehender Maler mit der Gestaltung beauftragt.*

Der volkstümlich bemalte Kleiderschrank *stammt aus Süddeutschland. Wie auf einer Schranktür zu sehen ist, wurde er Ende des 18. Jahrhunderts bemalt. Ein sehr ähnlicher Malstil findet sich auf vielen Gegenständen derselben Zeit in Pennsylvania, das heißt viele der umherziehenden Maler waren deutschen Ursprungs.*

Ländliche Kommode *(19. Jh.) in einem Haus in der Provence/Südfrankreich. Die in Rot und Gold gemalten seitlichen Begrenzungen und die Vorderseitengestaltung betonen die Form und Proportionen der Kommode.*

Volkstümlich bemalter *Schrank eines Landhauses in den französischen Alpen. Die rustikalen Blumen- und Tiermotive sind typisch für den Malstil in den europäischen Alpen und von einem darin geschulten Maler ausgeführt.*

wänden von Kirchen. Oft waren es dieselben umherziehenden Handwerker und Künstler, die diese erstellten und so zu Beginn des 18. Jahrhunderts für eine Verbreitung der Volksmalerei bis in die bescheidensten ländlichen Haushalte sorgten. Im 18. und 19. Jahrhundert blieb diese volkstümliche Malerei in Europa und Nordamerika eine modische Alternative beziehungsweise eine Bereicherung von Schablonierarbeiten – und ist es manchmal noch heute.

Im Lauf der Jahrhunderte erschien die Volkskunst in verschiedenen Ausprägungen und stellte in ihrer entwickeltsten Form ländliche Kunst in höchster Vollendung dar. In Skandinavien begegnet man vielen schönen Beispielen in vornehmen Landhäusern, wo Wände mit religiösen, historischen und ländlichen Bilddarstellungen gestaltet sind. Auch wenn diese weniger formal sind, würden sie aufgrund ihrer künstlerischen Qualität in den Renaissancekirchen und -palästen von Rom, Florenz und Venedig durchaus ihren Platz finden. Neben Wandbildern gibt es nicht selten auch ausgezeichnete Handmalereien auf

Rechts: *Auch wenn sehr viele volkstümliche Malereien meist verfeinerte Darstellungen ländlicher Szenen und Motive sind, gibt es auch genügend Beispiele von sehr einfachen und naiven Malformen. Hier schmücken einfarbige Kreise und Kreuzschraffierungen einen französischen Eckhängeschrank.*

Norwegische Holzwiege *(frühes 19. Jh.). Die Außenseiten dieser Hängewiege sind in verblaßtem Kobaltblau gehalten und die vier Ecken mit handgemalten Rosen verziert. Die Rose bildete das beliebteste Blumenmotiv auf skandinavischen Möbeln des 18. und 19. Jahrhunderts.*

Hölzerner Vorratsbehälter *in einem Jagdhaus (frühes 20. Jh.) in der Hakadal-Gegend nördlich von Oslo. Die Gestaltung der Frucht-Blätter-Motive ist typisch für die farbigen, handgemalten Verzierungen auf Vorratsgefäßen und Küchenutensilien dieser Region.*

Bemalter Flechtkorb *aus Holz – eines der vielen Beispiele für die reiche Kunsthandwerkstradition in der abgelegenen, aufgeforsteten Mora-Gegend in Schweden.*

Mit Dampf gebogenes *Holzkörbchen (19. Jh.). Solche Gegenstände wurden aus Birke, Ahorn oder Kirsche hergestellt und mit rustikalen Motiven handbemalt oder schabloniert.*

Holzschachtel *im Shaker-Stil (19. Jh., USA). Mit Dampf gebogene, dünne Holzstreifen wurden zu einer ovalen Schachtel geformt, die einen blauen Anstrich und ein Blumenmotiv erhielt.*

Die traditionelle, ländliche Volksmalerei *hat das Vordringen serienmäßig hergestellter und bearbeiteter Möbel und Utensilien des 20. Jahrhunderts überdauert. Diese moderne, handgedrechselte Holzschale (Nordamerika) ist mit Sternen und Streifen bemalt.*

Die mexikanische Trommel *aus blau bemaltem Holz steht auf einem großen Kiefernkasten in einem Haus in Santa Fe/New Mexico. In naiver, indianisch beeinflußter Malweise (typisch für die Gegend) läßt der Maler einen Hund den mexikanischen Bauern rund um die Trommel jagen.*

Nordamerikanischer Schaukelstuhl: *Aus Zweigen und Ästen (einige wurden mit Dampf in Form gebogen) zusammengebauter Stuhl – ein zum Aufenthalt im Freien gedachter Gegenstand. Schwer läßt sich sagen, ob die »gemalte« Dekoration von Vögeln oder Menschen stammt.*

Dieser Vogelkäfig *(Nordamerika) ist von subtilem Patriotismus geprägt: Vorder-, Seiten- und Hinterfront des Holzgestells sind rot, weiß und blau gestrichen. Die Flagge ist durch farblich vom Untergrund abgehobene Sterne und die (vertikalen) Streifen der Metallkäfigstäbe symbolisiert.*

Möbeln, deren Thema meist Flora und Fauna ist. Besonders bemerkenswert ist die Tradition der Rosenmalerei in Schweden und Norwegen. Sie war ab dem 18. bis zu Beginn des 20. Jahrhunderts in Mode und bedient sich verschlungener Verzierungen aus Rosenblättern und durch dekorative Motive der Klassik inspirierte Akanthusblätter. Die oft auf Paneelen oder als Bordüren auf Wänden und Möbeln aufgebrachte Rosenmalerei verfügt über einen pulsierend fließenden Stil, den schablonierte Blüten- und Blattmotive nicht erreichen.

Das Niveau der Volksmalerei hing vom kreativen Talent der Ausführenden ab. Da auch viele künstlerisch nicht ausgebildete Landbewohner den Pinsel in die Hand nahmen, finden sich nicht selten sehr einfache Beispiele, die teilweise auch peinlich sein können. Andererseits verleihen einfache von Hand zu malende Motive, wie Sterne und Herzen, dem ländlichen Interieur einen naiven Zauber, der in Stadthäusern völlig fehlt.

Links: *Dieses rustikale Schachbrett (frühes 19. Jh., Nordamerika) stellt volkstümliche Malerei in ihrer einfachsten und funktionellsten Weise dar. Die schwarzen, handgemalten Quadrate bilden das Spielfeld und gleichzeitig einen dekorativen Wandschmuck.*

Schablonierte Bordüre

Vorbild für das hier verwendete Lilien-Schablonenmotiv war eine für den Nachdruck frei gewordene Vorlage, die auf Schablonenpapier oder -karton (Künstlerbedarfsläden) übertragen und mit einem Künstlerskalpell ausgeschnitten wurde. Wenn Sie das Format eines Schablonenmotivs ändern möchten, kann die Originalvorlage mit einem Fotokopierer entsprechend vergrößert oder verkleinert und dann auf das Schablonenpapier übertragen werden. Sind Sie aber talentiert genug, dann zeichnen Sie Ihr eigenes Motiv freihändig auf das Papier.

Was Sie brauchen

Vorlage Fotografie, Zeichnung oder Druck Ihres Motivs.

Pauspapier Zum Kopieren Ihrer Motivkonturen.

Abdeckband (wahlweise) Zur Befestigung der Schablone an der Wand.

HB-Bleistift Zum Durchpausen der Konturen Ihres Motivs auf das Schablonenpapier.

Graphitstift Zum Schraffieren der durchgepausten Konturen vor der Übertragung auf das Schablonenpapier.

Schablonenpapier Zum Ausschneiden des Schablonenmusters.

Schneidbrett Als Unterlage beim Ausschneiden des Schablonenmusters.

Künstlermesser Zum Ausschneiden der Schablone (auch Künstlerskalpell).

Lineal Zur richtigen Positionierung der Schablone.

Wasserwaage Zur exakten horizontalen Linienführung der Bordüre.

Kleine Mischgefäße Sie benötigen ein bis zwei Behälter (1 Liter) zur Herstellung der Schablonierlasur.

Transparente Öllasur Höchstens 0,5 Liter für eine Bordüre rund um ein normal großes Zimmer.

Testbenzin (Lösungsbenzin) Eine kleine Flasche genügt.

Künstlerölfarbe Eine kleine Tube Umbra gebrannt.

Bronzefarbenes Metallpulver Ein kleines Töpfchen ist ausreichend.

Stehleiter Damit Sie an der Wand bequem schablonieren können.

Schablonierpinsel Mittelgroßer Pinsel mit kurzen, steifen Borsten (Stupfpinsel).

Makulaturpapier Zum Abtupfen überschüssiger Lasur vom Pinsel.

Schleifpapier Nehmen Sie mittlere Körnung zum Abschleifen und künstlichen Altern Ihres Schablonenmotivs.

Radiergummi Entfernen Sie zum Schluß die feinen, zur Positionierung der Schablone gezeichneten Bleistiftstriche.

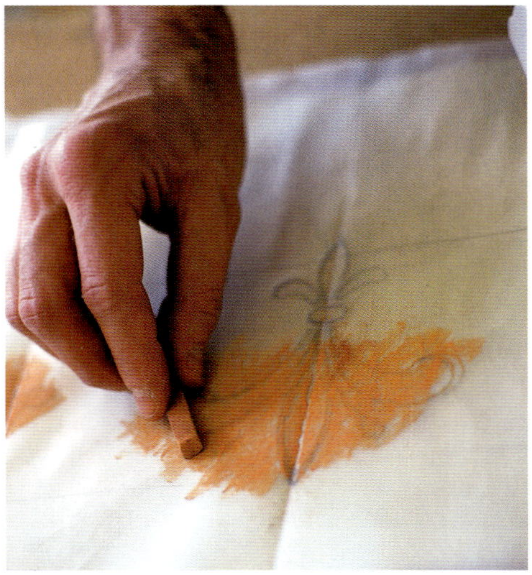

1 Legen Sie die Kopiervorlage mit dem Bild nach oben auf eine glatte Arbeitsfläche. Dieses dann mit einer Lage Pauspapier abdecken und die Ecken mit etwas Abdeckband befestigen. Mit dem HB-Bleistift die Umrisse des Motivs nachzeichnen. Anmerkung: Hier wurde zusätzlich ein kleines Motiv durchgepaust, das mit dem großen Motiv die Bordüre ziert. Sie können es weglassen.

2 Nehmen Sie das Pauspapier hoch und entfernen Sie die Vorlage. Jetzt die Seite des Pauspapiers mit den Bleistiftlinien nach unten auf die Arbeitsfläche legen. Dann mit einem Graphitstift die Rückseite des konturierten Motivs dicht diagonal schraffieren. Keine Stelle unausgefüllt lassen, da sonst das Design beim nächsten Schritt nicht vollständig übertragen wird.

3 Schablonenpapier (30 x 20 cm) auf die Arbeitsfläche kleben. Das Pauspapier – die Schraffierung nach unten – darauflegen und ebenfalls festkleben; das größere Motiv liegt nahe der rechten Kante. Die Kontur fest mit dem Bleistift nachziehen, das Pauspapier entfernen. Dies mit gleich großen Abständen zwischen dem kleinen und dem großen Motiv wiederholen. An der linken Kante mit der rechten Hälfte des großen Motivs enden.

4 Wenn nötig, die Konturen nochmals mit dem Bleistift nachziehen. Die Klebestreifen vom Schablonenpapier entfernen und dieses jetzt auf ein Schneidbrett legen. Mit dem Künstlermesser oder -skalpell sorgsam die Bereiche innerhalb der Konturen der großen und kleinen Motive ausschneiden. Beim Kurvenschneiden das Papier langsam um die Schneide drehen und nicht umgekehrt.

5 Stellen Sie sich in gewissem Abstand vor die Wand und wählen Sie die richtige Höhe für die Bordüre. Leicht mit Bleistift und Lineal den Ausgangspunkt für das Schablonenpapier festlegen. Von hier aus arbeiten Sie sich mit Wasserwaage und Bleistift an der Wand entlang und ziehen eine feine Linie. Dies ergibt eine korrekte Horizontale, die sich völlig mit dem Ausgangspunkt deckt.

6 Beginnen Sie am linken Ende der Wand. Legen Sie die Schablone an der Bleistiftlinie an und kleben Sie die Ecken fest. Lasurmischung: 40% transparente Öllasur, 20% Testbenzin, 20% Künstlerölfarbe Umbra gebrannt, 20% bronzefarbenes Metallpulver. Für einen durchschnittlich großen Raum wird 0,25 Liter Lasur benötigt. Die Borsten des Schablonierpinsels in die Lasur tauchen, überschüssige Lasur am Makulaturpapier abstreifen und die Schablonenausschnitte kräftig stupfen.

7 Sobald Sie alle Ausschnitte auf die Wand gestupft haben, die Klebstreifen ablösen und die Schablone vorsichtig abheben. Nicht wegziehen, sonst schmiert die Lasur. Mit einem Lappen die Rückseite der Schablone gründlich reinigen. Rücken Sie jetzt weiter nach rechts, und richten Sie die Schablone wieder am Bleistiftstrich aus, so daß die Hälfte des großen Motivs links außen genau auf die rechte Hälfte des letzten, in Schritt 6 schablonierten Motivs zu liegen kommt.

8 Wiederholen Sie die Schritte 6 & 7 entlang der ganzen Wand. Um einen korrekten Abstand zwischen dem letzten und dem ersten Motiv zu erhalten, empfiehlt sich, auf der letzten Wand einige kleine Korrekturen vorzunehmen. Bewegen Sie dazu die Schablone je nach Bedarf leicht nach rechts oder nach links. Kleine Veränderungen der Abstände zwischen sieben oder acht Motiven fallen nicht auf, ganz im Gegensatz zu größeren oder kleineren Abstandsveränderungen zwischen dem letzten und dem ersten Motiv.

9 Nach Beendigung des Schablonierens können die Muster bleiben, wie sie sind (oben), oder nach dem Trocknen (etwa 36 Stunden) durch Abschmirgeln mit dem Schleifpapier mittlerer Körnung künstlich gealtert werden. Reiben Sie leicht in allen Richtungen über das Motiv, und wechseln Sie immer wieder zu einer neuen Stelle des Schleifpapiers. Auf keinen Fall darf der Untergrund der Wand mit abgerieben werden.

10 Durch das Abschmirgeln der Lasur ergibt sich ein Finish, das einer alten Stuckarbeit sehr ähnelt. (Bei dieser wurden Bilder und Motive auf nassen Gips aufgemalt. Im Lauf der Zeit bleichten die Pigmente aus, der Gips wurde brüchig und sprang an manchen Stellen ab, was der Dekoration ein ästhetisch ansprechendes, abgenutztes Aussehen verlieh.) Zum Schluß wird die Bleistiftlinie ausradiert.

Bodentuch mit Schablonenmuster

Vor Beginn serienmäßig gefertigter Teppiche Ende des 19. Jahrhunderts waren sogenannte Bodentücher ein preiswerter Belag für Holzböden. Besonders häufig sind sie in den ländlichen Gegenden Nordamerikas und Großbritanniens anzutreffen. Sie bestanden meist aus schwerer, mit Lack versteifter, grundierter und dann mit Mustern und Motiven bemalter oder schablonierter Leinwand. Vorgefertigte traditionelle Schablonenmuster erhalten Sie in Künstlerbedarfsläden und im Fachhandel, oder Sie stellen Ihre eigenen her.

Was Sie brauchen

Abdecktuch (oder Lagen von Zeitungspapier).

Schwere Leinwand Zum Bemalen vorgrundiert.

Stahllineal Zum Zuschneiden der Leinwand.

Cuttingmesser Ein schweres.

Kaseinfarben Etwa 0,25 Liter hellgelbe Kaseinfarbe für den Grundanstrich. Etwa je 0,125 Liter für die Schablonierfarben: Rostrot, Mittelgrün, Mittelblau und leuchtendes Gelb.

Standardmalerpinsel Zwei 5 cm breite Pinsel für Grundanstrich und Schutzlasur.

Pauspapier Zwei große Blätter.

HB-Bleistift Zum Durchpausen der Schablonenkontur.

Graphitstift Zum Schraffieren der durchgepausten Kontur.

Schablonenkarton Zwei bis drei große Lagen.

Abdeckband Zum Befestigen der Schablone.

Schablonierpinsel Verschiedene Größen.

Mattweiße Dispersionsfarbe (Latex) Etwa 0,25 Liter.

Acryllasur Nicht ganz 0,25 Liter als Finish.

Mischgefäße Fünf 1 Liter fassende Plastik- oder Metallgefäße zum Mischen der Anstriche.

Fusselfreier Lappen Zum Säubern des Schablonenpapiers.

1 Kaufen Sie im Fachhandel vorgeschnittene, fertig grundierte Leinwand. Schneiden Sie diese, falls nötig, mit dem schweren Cuttingmesser und Stahllineal auf die erforderliche Größe zu. (Sie müssen die Ecken nicht verstärken.) Legen Sie die Leinwand flach auf ein Abdecktuch (oder auf Lagen von Zeitungspapier) und streichen Sie zwei Schichten der hellgelben Kaseinfarbe mit einem der Standardpinsel auf. Sie dienen als Untergrund für die Schablonenmuster und sollten, je nach Raumtemperatur und Feuchtigkeit, jeweils etwa 4 Stunden durchtrocknen.

2 Zur Herstellung eigener Schablonen (Sie benötigen je eine für die Bordüre und das Hauptmotiv) siehe unter Anleitung S. 90–91. Ansonsten kaufen Sie vorgeschnittene Schablonen in der gewünschten Größe. Begonnen wird mit der Bordüre. Dazu muß die Musterabfolge festgelegt und in einer Ecke begonnen werden; die Schablone wird dann mit dem Abdeckband befestigt. Die Farben und Lasuren werden nun, nach vorherigem Abstreifen von Überschüssen, mit den jeweiligen Schablonierpinseln (siehe Schritt 4) auf die Schablonenausschnitte gestupft.

3 Sobald eine Bordürenseite beendet ist, drehen Sie die Ecke und legen die Schablone erneut korrekt an. Hier wurde die Musterabfolge dadurch erreicht, daß das hintere Ende des Blätterwerks immer in derselben Entfernung vom großen Blumenmotiv am anderen Ende der Schablone positioniert wurde. Wenn ein Durchgang beendet ist, mit dem fusselfreien Tuch überschüssige Farbe von der Schablonenrückseite entfernen. Damit lassen sich Farbschmierer auf dem Bodentuch vermeiden.

4 Wenn die Bordüre beendet ist, mit dem Bleistift die Mitte des Bodentuchs markieren. Dort das zentrale Schablonenmotiv festkleben und wie zuvor verfahren. Alle Muster wurden nur in vier Farben ausgeführt: rostrote Kaseinfarbe, eine Mischung von 60% mittelblauer Kaseinfarbe mit 40% mattweißer Dispersionsfarbe (Latex), eine Mischung von 75% mittelgrüner Kaseinfarbe mit 25% mattweißer Dispersionsfarbe (Latex), leuchtend gelbe Kaseinfarbe.

5 Das Bodentuch etwa 12 Stunden trocknen lassen. Wenn Sie mit den Farben zufrieden sind, können Sie jetzt die Bodentuchoberfläche einfach mit matter Acryllasur (Dispersions- oder Latexlasur) unter Verwendung eines Standardpinsels versiegeln. Wollen Sie jedoch die Farben abtönen und dem Bodentuch ein leicht staubiges, »gealtertes« Aussehen verleihen, dann färben Sie die Lasur wie folgt: 80% Acryllasur mit 20% mattweißer Dispersionsfarbe (Latex).

Schablonierter Kasten

Das hier abgebildete Muster ist typisch für eine Vielzahl traditioneller, heute im Fachhandel erhältlicher Schablonen der europäischen und amerikanischen Volkstradition (siehe S. 170–173). Wenn die Größe des Musters dem Gegenstand entsprechend variiert werden muß, vergrößern oder verkleinern Sie die Vorlage mit dem Fotokopierer. Die Fotokopie wird dann mit Bleistift und Graphitstift auf den Schablonenkarton übertragen und mit einer Skalpellklinge sorgfältig ausgeschnitten.

Was Sie brauchen

Traditioneller Schablonensatz (Früchte und Blätter). Bei Anpassung der Schablonengröße: Schablonenpapier, Skalpellklinge, Graphitstift, Pauspapier, Fotokopierer.

Fusselfreies Tuch Zum Reinigen des Kastens.

Testbenzin (Spezialbenzin) Zum Säubern des Kastens.

Schleifpapier (mittlere Körnung) Loses Schleifpapier ist für schwierige Bereiche besser als ein Schleifblock.

Grundierer (wahlweise) Bei Arbeit auf blankem Holz.

Extrapapier Zum Abstreifen überschüssiger Farbe.

Anstrichfarben Kaseinfarben in Dunkelgrün, leuchtendem Rot, Mittelgelb und Mittelblau. Schwarzes und weißes Künstlerpigmentpulver.

Pinsel Drei kleine Künstlerpinsel, ein 5 cm breiter Standardmalerpinsel und ein Lackierpinsel mit weichen Borsten.

Künstlerpalette (oder weiß beschichteten Karton).

Abdeckband Schwächer klebendes Band vermeidet, daß sich Farbe von der beklebten Oberfläche abhebt.

Klarer Polyurethanlack Verwenden Sie matten oder seidenmatten Lack. Wirkt letzterer noch zu glänzend, kann er im Verhältnis 1:1 mit mattem Lack gemischt werden.

1 Allen Schmutz sowie Wachs- oder Fettreste mit einem in Testbenzin getauchten, fusselfreien Lappen entfernen. Ist der Kasten gestrichen oder lackiert, rauhen Sie die Oberfläche mit dem mittelgroben Schleifpapier auf. (Blankes Holz erhält eine Grundierung.) Sobald die Oberfläche sauber und trocken ist, zwei Schichten dunkelgrüne Kaseinfarbe mit dem Standardpinsel auftragen. Jede Schicht muß 12 Stunden durchtrocknen.

2 Die Schablone seitlich am Kasten mit dem Abdeckband ankleben. Mit einem kleinen Künstlerpinsel rote Kaseinfarbe aufnehmen, überschüssige Farbe am Extrapapier abstreifen. Die Früchte durch leichtes Stupfen mit den Pinselspitzen ausfüllen. Die Farbe jeweils sparsam auf den Pinsel aufnehmen und langsam aufbauen. Dann mit der durch Schwarz etwas nachgedunkelten blauen Kaseinfarbe die kleinen Beeren ausfüllen. Die übrigen Früchte mit Gelb ausmalen.

3 Eine kleine Menge weißes Künstlerpigmentpulver mit Wasser vermengen und langsam etwas dunkelgrüne Kaseinfarbe (Schritt 1) daruntermischen. Soviel Weiß zugeben, daß das entstehende Hellgrün einen schönen Kontrast zum dunkelgrünen Untergrund bildet. Füllen Sie dann, mit einem kleinen Künstlerpinsel stupfend, die Blätter des Schablonenmusters damit aus.

4 Nach Abnahme der Schablone zeigt sich ein schönes Muster, das auf den anderen Kastenseiten wiederholt wird. Das Ergebnis kann einen eindruckvollen und professionellen Touch durch Einfügen von Licht und Schatten an den Früchten und am Blätterwerk erhalten. Mischen Sie jeweils etwas Weiß und Schwarz mit Wasser. Fügen Sie dann langsam etwas davon zu den Originalfarben, um Tönungen für die Aufhellungen bzw. Abdunklungen zu erhalten.

5 Legen Sie jetzt auf allen Früchten und Blättern den jeweiligen Lichteinfall fest. Hier im Beispiel kommt das Licht von links oben. Tragen Sie mit einem fein zugespitzten Künstlerpinsel die hellere Mischung auf den der Lichtquelle zugewandten Bereichen als Glanzlichter ein. Wiederholen Sie dies mit der dunkleren Mischung an den lichtabgewandten Seiten (z. B. Blattvertiefungen).

6 Sobald die Farbe trocken ist, die Schablone entfernen. Die Schritte 2–5 auf den übrigen Seiten wiederholen. Auch wenn Kaseinfarbe recht widerstandsfähig ist, empfiehlt sich doch eine Schutzschicht aus Lack – besonders zum Abweisen von Feuchtigkeit. Verwenden Sie entweder klaren, matten Polyurethanlack, oder mischen Sie diesen mit seidenglänzendem im Verhältnis 1:1. Diese Mischung erzeugt einen feinen Schimmer auf der Kastenoberfläche.

Schränkchen in Traditionsmalerei

In vielen ländlichen Gegenden Europas (besonders Skandinaviens) und Nordamerikas war es jahrhundertelang Tradition, Möbelstücke und sonstige Schreinereiarbeiten mit Bildern, Mustern und Motiven (Volkskunst) von Hand zu bemalen. Hauptziel dieser Volksmalerei war, Häuser farblich zu gestalten und die oft platt wirkenden, mit nur wenig oder keiner Maserung versehenen Weichhölzer zu verschönern. Je nach künstlerischer Fähigkeit fielen die Werke recht einfach aus oder verrieten hohes künstlerisches Niveau.

Was Sie brauchen

Standardmalerpinsel Zwei 5 cm breite Pinsel für Grundierung und Basisanstrich, ein 7,5 cm breiter für die Antikisierlasur und ein 2,5 cm breiter Pinsel für Tür und Rahmen.

Weiße Grundierung Zum Versiegeln und zur Vorbereitung des blanken Holzes.

Mattweiße Dispersionsfarbe (Latex) Zur Aufhellung des Basisanstrichs.

Mischbehälter Fünf oder sechs alte (Marmeladen)Gläser reichen aus.

Kaseinfarben Mittelgelb für den Basisanstrich, Rostrot für Tür und Rahmen.

HB-Bleistift Zum Aufzeichnen des Entwurfs.

Lagen von Makulaturpapier Zum Aufzeichnen des Entwurfs.

Künstleracrylfarben Kleine Tuben mit Rot, Gelb, Grün, Blau, Schwarz und Weiß.

Künstlerpalette Zum Mischen der Farben und Lasuren.

Künstlerpinsel Eine Kollektion kleiner, feinborstiger Pinsel – Marderhaarpinsel eignen sich für Freihandmalerei am besten.

Acryllasur Auch als Dispersionslasur (Latex) bekannt.

Universalabtönpaste Umbra natur Zum Anfärben der Acryllasur.

1 Egal, ob nun das Schränkchen aus unbehandeltem oder bereits gestrichenem Holz besteht, bereiten Sie die Oberfläche wie auf S. 167–168 beschrieben vor. Dann mit dem Malerpinsel zwei Grundierschichten auftragen, die jeweils 8 Stunden durchtrocknen müssen. Anschließend zwei Schichten hellgelben Basisanstrich auflegen. Hier wurde mittelgelbe Kaseinfarbe im Verhältnis 50:50 mit mattweißer Dispersionsfarbe (Latex) gemischt.

2 Skizzieren Sie Ihren Entwurf zunächst auf ein Stück Makulaturpapier. Hier können Sie alle notwendigen Korrekturen ausführen, ohne den Basisanstrich (Schritt 1) wiederholen zu müssen. Wenn Sie kein eigenes Design besitzen, übertragen Sie eine Vorlage freihändig auf das Makulaturpapier. Sobald Sie damit zufrieden sind, malen Sie das Muster mit dem HB-Pinsel auf das Schränkchen.

3 Mischen Sie die Künstleracrylfarben auf einer Palette oder in kleinen Behältern mit etwas Wasser. Finden Sie die jeweilig benötigte Wassermenge selbst heraus: Je mehr Wasser, desto durchscheinender die Farbe. Sie können auch die Farbenmischungsverhältnisse variieren und somit die Farben total verändern oder einander angleichen. Bauen Sie langsam mit den kleinen Künstlerpinseln die Hintergrundfarben Ihres Designs auf.

4 Lassen Sie den Untergrund mindestens vier Stunden trocknen. Fügen Sie dann die je nach Komposition und persönlichem Geschmack variierenden Details ebenfalls mit den feinen Künstlerpinseln ein. Früchte, Blumen etc. treten jedoch präziser hervor, wenn sie von einer Bordüre winziger Motive (die z. B. aus nur einer Reihe kleiner Punkte bestehen kann) umrahmt werden.

5 Sind die Muster an der Tür und den Seitenpaneelen ausgeführt, treten Sie einen Schritt zurück, um den Gesamteindruck auf sich wirken zu lassen. In unserem Beispiel hatte das Schränkchen eine sehr hübsche Form, so daß die Tür- und Seitenrahmen mit zwei Schichten rostroter Kaseinfarbe hervorgehoben wurden. Jede dieser Schichten muß etwa 4–6 Stunden trocknen.

6 Wenn Sie mit den Farben zufrieden sind, tragen Sie mit dem Standardmalerpinsel ein Finish aus Acryllasur (Dispersionslasur, Latex) auf. Sollen die Farben jedoch abgetönt, das Finish also »gealtert« werden, dann tragen Sie eine oder zwei Schichten Antikisierlasur auf (90% Acryllasur und 10% Universalabtönpaste Umbra natur). Jede Schicht muß etwa 2–4 Stunden trocknen.

Links und oben: *Die in Stadthäusern ausgeführten Marmorimitationen waren oft exakte Entsprechungen von echtem Gestein. Auf dem Land dagegen dominierte eher eine Art Phantasiemarmorierung: An der Tür, dem Türrahmen sowie dem Einbaubett des norwegischen Jagdhauses sind die Marmoräderungen nur vage angedeutet und die Farben nicht sehr realistisch.*

Rustikale Steineffekte

Seit Jahrtausenden werden Farb- und Lasurtechniken zur Imitation dekorativer Steinmuster und -strukturen auf allen möglichen Oberflächen – von Wänden bis Möbeln – eingesetzt. Das beliebte Kopieren geschnittenen und polierten, metamorphen Gesteins (z. B. Marmor) und eruptiven Gesteins (z. B. Porphyr) mittels preiswerter Farben und Lasuren entwickelte sich aus folgenden Gründen: relativ geringes Vorkommen weltweit, sehr hohe Kosten für Abbau und Bearbeitung, Transportschwierigkeiten über große Entfernungen (besonders zu abgelegenen Gegenden).

Seit dem klassischen Altertum gehört dekoratives Gestein wie Marmor, Porphyr und Granit zu den am meisten geschätzten Baumaterialien. Typisch für diese auf fein schimmernden Glanz zu polierenden Steine sind farbenprächtige, direkt an oder unter der Oberfläche liegende Mineraleinlagerungen (z. B. Opal, Quartz, Türkis). Sie geben dem Gestein ein Gepräge stilvoller Würde, Reichtum und Solidität.

Leider kommen diese Gesteinsarten nur in wenigen Gegenden der Welt in größeren Mengen vor. Dazu gehören insbesondere Italien, Frankreich und Belgien. Durch diesen Umstand und die hohen Kosten ihres Abbaus, Schneidens, Polierens und Transports über große Entfernungen beschränkte sich ihre Verwendung auf die Häuser wohlhabender Familien und große städtische Verwaltungs- und Residenzbauten.

Auch etliche technische Faktoren wirkten einschränkend auf die Verwendung von Marmor, Porphyr und Granit als Baumaterial. Aufgrund ihrer Dichte und ihres Gewichts sind sie besser geeignet, wenn sie unter Druck stehen, das heißt als Blöcke für Säulen und Wände, als dicke Platten für Bodenbeläge und als dünnere Platten für Wandverschalungen. Stehen sie jedoch unter Spannung, zum Beispiel in Form von Decken, Balken oder Ausladungen, neigen sie zum Reißen und Brüchigwerden. All das hat die Anwendung von echtem Marmor, Porphyr und Granit stark eingeschränkt, so daß es nicht

»Kieselmarmor«-Türpaneel *an einem Schrank im Hansmoen Landhaus, das um 1700 in der Bergregion von Tynset/Norwegen erbaut wurde. Der Schrank im norwegischen Barockstil entstand um 1739 und erhielt um 1836 seine Bemalung – inklusive marmorimitierter Randleisten und Paneele an den Seitenteilen.*

Möbel und Holzwerk *im norwegischen Hansmoen Landhaus wurden im Zuge einer dekorativen Gestaltung um 1836 marmoriert. Die in skandinavischen Kirchen (17. Jh.) weit verbreitete Marmorierung hielt auch bald Einzug in Häusern der Stadt und auf dem Land und wurde zum Statussymbol.*

Siena-Marmorierung *an Tür, Fußleiste und Bett eines Schlafraums in einem norwegischen Jagdhaus (frühes 20. Jh.). Viele skandinavische Marmorierungen des 19. und 20. Jahrhunderts sind realistischere Nachahmungen echten Steins als die impressionistischen Beispiele aus dem 17. und 18. Jahrhundert.*

Marmorimitiertes Deckengebälk *im Speisezimmer desselben norwegischen Jagdhauses (oben rechts). Es handelt sich um eine absolute Phantasie-marmorierung, denn echter Marmor ist in Form von Decken, Balken etc. völlig ungeeignet, da er hier zum Reißen und Brüchigwerden neigt.*

Marmorierung im Detail *Am oberen Wandende und an der Decke sich wiederholende Marmorimitation in einem Raum des Jagdhauses (unten links/oben rechts). Auch hier (wie beim Deckengebälk links) wäre echter Marmor als Decken-, Balkenmaterial etc. ungeeignet.*

verwundert, daß Künstler und Innenausstatter diese Materialien jahrhundertelang mit Farben und Lasuren kopierten. Zum Beispiel fanden sich Porphyrimitationen an Wänden der Ruinen von Pompeji/Italien. Viele große, während der Renaissance (und danach) in Italien und Frankreich erbaute Häuser erhielten zahlreiche Marmorimitationen. Auch in herrschaftlichen, klassisch beeinflußten englischen und nordamerikanischen Häusern des 18. und besonders des 19. Jahrhunderts sind Marmor- und Porphyrimitationen auf Wandpaneelen, Putzgips, Säulen und Holzwerk typisch – manchmal sogar ganz in Marmorimitation gehaltene Räume.

Als sich die Farb- und Lasurqualitäten verbesserten und die Maler technisch versierter wurden, erreichten diese gemalten Illusionen ein Niveau, daß sie sich oft – besonders im England des 19. Jahrhunderts – vom echten Material nicht mehr unterschieden. So stellten die Künstler Thomas Kershaw und John Taylor (viktorianisches England) derart exakte Nachbildungen von rot-orangem Porphyr, grünem Serpentin-, rotem Levanto- und gelbem Sienamarmor her, daß diese selbst genauester Inspektion standhielten.

Salon eines norwegischen Jagdhauses *(siehe S. 102–103). Hier findet sich das für viele Gegenden Skandinaviens typische Kobaltblau als Lasurmarmorierung an Tür und Wandpaneelen. Der gleiche Farbton wiederholt sich auch als Farbtünche an den Wänden, Deckenbalken und Türrahmen.*

Links: *Detail eines Türpaneels im obigen Salon. Die Marmorimitation wurde 1917 von dem italienischen Künstler Dominico Ertmann ausgeführt. Der Stil ist in der Tradition rustikaler »Bauern-Marmorierung« der drei früheren Jahrhunderte gehalten.*

Die realistischen Äderungen *der Tür entsprechen einem naturalistischen, im 20. Jahrhundert in Skandinavien übernommenen Marmorierstil.*

Alternativen zu Kobaltblau *in der norwegischen Marmoriertechnik. Hier dienten Schwarz und Gelb der Imitation von gelbem Siena-Marmor.*

Kobaltblau marmoriertes *Türpaneel in Kontrast zum gelb und schwarz geäderten »Marmor« (links) der Holzumrahmung.*

Die Tradition des versierten und exakten Nachahmens dekorativer Gesteine beschränkte sich jedoch – wie das reale Material – weitgehend auf öffentliche Gebäude und herrschaftliche Stadtresidenzen. Auf dem Land dagegen dominierte ein gröberer und naiverer Marmorierstil, der oft keine größere Ähnlichkeit mit dem betreffenden Stein hatte. Die Farben und Äderungen waren manchmal reine Phantasieflüge der Ausführenden. Solche Stilisierungen zeigten sich oft im ländlichen Nordamerika (18. und 19. Jh.) und waren meist das Werk umherziehender Handwerker europäischen Ursprungs. Die Arbeiten sind oft sehr farbenfroh und deckend gestaltet und haben nichts mit der feinen Adernkonfiguration, der zarten Transparenz und Tiefe der realistischen Farben gemein, wie sie beispielsweise in Kershaws und Taylors Werk zum Ausdruck kommen.

Eine Haupterklärung für diesen Mangel an Exaktheit ist, daß die Künstler bzw. Maler oft ohne Vorlagen arbeiteten. Besonders im 17. und 18. Jahrhundert hatten manchenorts viele umherziehende Maler nie zuvor echten Marmor gesehen, das heißt, Vorbild waren die meist ebenso naiven Experimente ihrer Kollegen. Das soll nicht

Die obere Diele *eines norwegischen Jagdhauses im Norden Oslos. Die kühne Phantasiemarmorierung der Wände kontrastiert mit der konventionellen, kobaltblauen Marmorierung im dahinterliegenden Schlafzimmer. Das Türpaneel ist rustikal auf Kiefer getrimmt.*

heißen, daß das Endresultat ohne künstlerischen oder dekorativen Wert war. Ländliche Marmorierungen verfügen oftmals über eine Spontaneität und einen Überschwang, die das Illusionäre mehr implizieren als demonstrieren – ab Ende des 18. Jahrhunderts oft sogar bewußt.

Die Tradition stilisierter Phantasiemarmorierung (und anderer gemalter Steineffekte) findet in Schweden und Norwegen ihre deutlichste Ausprägung. Die ersten Marmorimitationen gab es in schwedischen Kirchen (16. Jh.). Durch umherziehende Maler fand diese Technik bis zum 17. Jahrhundert Verbreitung in den Bauern- und Ferienhäusern Südschwedens. Die immer beliebter werdende sogenannte Bauern-Marmorierung erhielt durch Bauern und Landhausbesitzer Auftrieb, da diese ihre Häuser in Anlehnung an die herrschaftlichen Interieurs vieler Stadthäuser farbenfroh und nobel ausgestaltet haben wollten. Dieser Ausdruck von Stil und Luxus demonstrierte überdies, daß sie sich die Dienste eines Spezialmalers leisten konnten.

Gegen Ende des 18. Jahrhunderts fanden sich in zahlreichen ländlichen Haushalten Schwedens und Norwegens grelle und meist nicht naturalistische Marmorimitationen an Wänden, Decken, Holzwerk und Möbeln (besonders Betten). Diese Tradition hielt sich bis ins 20. Jahrhundert. Interessant ist, daß viele der schwedischen und vor allem norwegischen Marmor-

Rustikales Marmorieren *wurde im 17., 18. und 19. Jahrhundert in Skandinavien oft von Malern oder Hausbesitzern ausgeführt, die nie zuvor echten Marmor gesehen hatten. Exakte Imitationen waren deshalb schwer zu finden. Hier (frühes 20. Jh.) zeigt sich jedoch, daß der Maler über Vorlagenmaterial verfügt hatte.*

Das Holzwerk der Möbel *dieses ländlichen Schlafzimmers in Norwegen ist in oranger und gelber Marmorimitation gehalten, die sich auch an den Leisten wiederholt.*

»Himmelbetten« *gehören allgemein zu norwegischen Landhäusern. Die oft eingebauten, bequemen und dekorativ geschnitzten Betten sind meist rustikal maseriert, handbemalt oder (wie hier) marmoriert.*

Meist verfügen »Himmelbetten« *über einen eingebauten Stauraum. Im obigen Beispiel ist die extra gefertigte Schublade in die gesamte Marmorzeichnung des Rahmens mit einbezogen.*

Detail des phantasiemarmorierten *»Himmelbetts« (links). Das Beispiel datiert aus den 1920er Jahren, entspricht aber dem Stil der seit dem 17. Jahrhundert vorherrschenden Maltradition.*

imitationen in Blau gehalten sind. Hauptgrund dafür ist, daß Norwegen große Mengen Kobalt abbaute und exportierte (besonders nach China, wo es zur Bemalung blauer und weißer Keramik verwendet wurde). Kobalt stand also skandinavischen Malern reichlich zur Verfügung und fand in vielen ihrer Anstriche und Lasuren Verwendung.

In Skandinavien ähnlich beliebt wie die Tradition des rustikalen Marmorierens war die »Sprenkel-Malerei«. Hier werden feine Pünktchen verschiedenfarbiger Lasuren von den Pinselborsten auf Wände oder andere Oberflächen geschnellt. Sorgsam ausgeführt, konnten so Phorphyr und Granit exakt imitiert werden. In manchen ländlichen Gegenden wurden die Farben und Lasuren jedoch mit Bündeln von Birkenzweigen aufgebracht, wodurch das Ergebnis eher einem abstrakten Gemälde als echtem Porphyr oder Granit glich – aber ebenfalls sehr dekorativ war.

Marmorierter Kaminsims

Die Technik des Marmorierens läßt sich grundsätzlich in zwei Arten aufteilen: gemalte Imitationen bestimmter Marmorsorten und gemalte Imitationen eines Marmorgemischs. Rustikales oder »ländliches« Marmorieren fällt meist in letztere Kategorie, da es sich nur vage an echtem Marmor inspiriert – an den Farben und Äderungen, die durch mineralische, auf oder direkt unter der Oberfläche liegende Ablagerungen entstandenen sind – und keine besondere Marmorart anvisiert. Dies erlaubt den Malern gewisse künstlerische Freiheiten.

Was Sie brauchen

Abdecktuch Zum Schutz des Bodens.

Abdeckband Für das schmiedeeiserne Einsatzstück, die Fliesen und Wände.

Mischbehälter Vier oder fünf Plastik- oder Metallbehälter mit je 2 Litern Fassungsvermögen.

Fusselfreier Lappen Zum Reinigen der Pinsel, Spritzer und zum Polieren.

Standardmalerpinsel Vier sind empfehlenswert: einer für jede der drei Marmorierlasuren und einer für die abschließende Acryllasur (Dispersion/Latex). Am besten eignen sich 5 cm breite Pinsel.

Künstlerpinsel Kaufen Sie einen kleinen, spitzen Pinsel und einen 6 mm breiten Künstlerpinsel zum Einzeichnen der Adern.

Grundierer Sie benötigen etwa 0,5 Liter weiße Grundierfarbe auf Ölbasis für einen Kaminsims üblicher Größe.

Mattweiße Dispersionsfarbe (Latex) Etwa 0,5 Liter.

Universalabtönpaste Kleine Tuben von Schwarz, Umbra natur, Umbra gebrannt, Siena gebrannt und Ockergelb.

Dispersionslasur (Latex) Sie benötigen etwa 0,5 Liter als Schutz für das Finish.

Möbelpolitur Getöntes oder klares Wachs.

1 Bereiten Sie folgende Lasuren vor (je etwa 0,25 Liter): A: 30% mattweiße Dispersionsfarbe (Latex) und 70% Universalabtönpaste Umbra natur.
B: 30% mattweiße Dispersionsfarbe (Latex), 40% Abtönpaste Umbra gebrannt und 30% Abtönpaste Siena gebrannt.
C: 30% mattweiße Dispersionsfarbe (Latex), 40% schwarze Abtönpaste und 30% Abtönpaste Umbra natur.

2 Die Kaminumgebung abdecken und den Kaminsims mit zwei Schichten Grundierer bestreichen. Trocknen lassen und anschließend zwei Basisschichten von 30% mattweißer Dispersionsfarbe (Latex), 40% schwarzer Abtönpaste und 30% Abtönpaste Umbra natur aufbringen. Sobald diese getrocknet sind, mit einem Standardmalerpinsel die Lasur A ungleichmäßig gewolkt auf einen kleinen Bereich des Kaminsimsfrieses auftragen.

3 Direkt danach einen zweiten Malerpinsel in Lasur B tauchen und wie zuvor verfahren, indem Sie einen an Lasur A angrenzenden, ähnlich großen Bereich bearbeiten. Die beiden Bereiche sollten jedoch leicht ineinander übergehen. Sie können auch kleine Flecken von Lasur B in die Mitte von Lasur A setzen – ganz nach eigenem Gusto. Orientierungshilfe sind auch die hier gezeigten Abbildungen.

4 Sofort danach tauchen Sie einen dritten Malerpinsel in Lasur C und verfahren wie zuvor. Dann verwenden Sie abwechselnd die drei Lasuren und arbeiten sich rasch über den Fries des Kaminsimses. Zusätzliche, feine Farbvariationen sind möglich durch Auftrag von z. B. Lasur C mit einem oder beiden Pinseln, die Sie für Lasur A und B benutzten. Sobald der Fries auf diese Weise bearbeitet ist, wechseln Sie zu anderen Bereichen – hier waren es die vertikalen, seitlichen Umrandungen und die Kamineinfassung.

5 Nach vollständigem Anfärben den Untergrund bis zu 6 Stunden durchtrocknen lassen. Dann eine gebrochen weiße Lasur mischen, die Sie zum Aufmalen der über und durch die Marmoroberfläche laufenden Adern verwenden. Diese Lasur sollte aus 80% mattweißer Dispersionsfarbe (Latex) und 20% Universalabtönpaste Umbra natur bestehen. Dazu wird ein kleiner Künstlerpinsel verwendet – die Abbildung dient als Anleitung. Der Verlauf der größeren Adern ist fast willkürlich. Sie wirken jedoch am besten, wenn die meisten von ihnen um und entlang den Bereichen verlaufen, wo sich die Lasuren von Schritt 2, 3 & 4 überlappen.

6 Bereiten Sie jetzt eine zweite Lasur zur Äderung: 80% mattweiße Dispersionsfarbe (Latex) und 20% Universalabtönpaste Ockergelb. Mit dem kleinen, spitzen Künstlerpinsel etliche feine Adern einzeichnen, aber auch einige Glanzlichter auf die Ecken der größeren, in Schritt 5 aufgebrachten Adern setzen. Größe und Lage sind auch hier wieder eine Sache des persönlichen Geschmacks; die Abbildung dient als Hilfe.

7 Diese Großaufnahme zeigt, daß nach dem Trocknen der Lasuren die Kaminsimsoberfläche matt und leicht kreidig wirkt. Der Kontrast zwischen den dunkleren Hintergrundfarben des Marmors und den helleren Adern ist sehr ausgeprägt. Wenn dies das gewünschte Ergebnis ist, sollten Sie abschließend ein oder zwei Schichten klare, matte Dispersionslasur (Latex) mit dem Standardmalerpinsel auftragen. Jede Schicht benötigt etwa 2 Stunden zum Trocknen.

8 Wollen Sie den Farbkontrast aber dämpfen, werden die Farben etwas angeglichen, bis die Oberfläche wie polierter Marmor schimmert. Tragen Sie dazu ein oder zwei Schichten Dispersionslasur mit dem Malerpinsel auf. Wenn das Finish dunkler werden soll, mischen Sie einige Tropfen Universalabtönpaste Umbra gebrannt in die Dispersionslasur und verfahren Sie wie zuvor. Jede Schicht muß etwa 2 Stunden trocknen.

9 Zum Abschluß streichen Sie mit den Borsten eines Malerpinsels leicht über Möbelpolitur. Verteilen Sie das Wachs auf der Kaminsimsoberfläche, wobei es vor allem in die Vertiefungen gelangen soll. Bei klarem Wachs bleiben die Farben hell; sollen sie nachgedunkelt (»antikisiert«) werden, benötigen Sie getöntes Wachs. Lassen Sie es etwa 30 Minuten härten. Danach kann die Fläche mit einem fusselfreien Lappen auf zarten Schimmer poliert werden.

Tür in Porphyrimitation

Das hier abgebildete Porphyrfinish ist eine gemalte Imitation des harten, buntgefleckten, polierten Vulkangesteins, aus dem meist architektonische Paneele und dekorative Objekte, wie Lampenständer und Kerzenhalter, hergestellt werden. Seit Beginn des 19. Jahrhunderts ist diese Methode als eine Art Sprenkeltechnik in Schweden gebräuchlich. Es gibt etwa 300, in ihren farblichen und strukturellen Spielarten unterschiedliche Porphyrarten. Sie können also auch andere Farbvariationen als die hier gezeigte ausprobieren.

Was Sie brauchen

Makulaturpapier Zum Abdecken.

Schleifpapier Mittlere Körnung.

Weiße Grundierung auf Ölbasis Etwa 0,5 Liter für eine Tür durchschnittlicher Größe.

Standardmalerpinsel Verwenden Sie einen 5–7,5 cm breiten Pinsel für Grundierung und Basisanstrich.

Mischgefäße Für den Basisanstrich benötigen Sie einen 2,5 Liter fassenden Behälter; für die Sprenkellasuren drei jeweils 1 Liter fassende Gefäße (auch alte Marmeladengläser o. ä.).

Mattweiße Dispersionsfarbe (Latex) Etwa ein Drittel des Grundieranstrichs.

Universalabtönpasten Kleine Flaschen Siena gebrannt und Umbra natur zum Abtönen des Basisanstrichs.

Künstlerölfarben Siena gebrannt, Schwarz und Weiß.

Transparente Öllasur Etwa 0,5 Liter.

Testbenzin (Lösungsbenzin) Kleine Flasche.

Schlagpinsel Weicher, langhaariger Pinsel zum Aufsprenkeln der Lasur; in Künstlerbedarfsläden.

Alter Pinsel mit langem Griff (oder Holzstock) Um den Schlagpinsel dagegen zu klopfen.

Politur Möbelpolitur; mikrokristallines Wachs.

Fusselfreier Lappen Zum Reinigen der Pinsel und Abwischen von Spritzern.

1 Die umgebende Fläche mit Makulaturpapier und Klebeband abdecken. Ist die Tür bereits gestrichen, von Schmutz und Fett befreien und mit Schleifpapier mittlerer Körnung aufrauhen (S. 164–165). Mit einem mittelgroßen Malerpinsel ein bis zwei Schichten weißen Grundanstrich aufbringen; jede etwa 12 Stunden trocknen lassen. Ist die Tür aus blankem Holz, müssen alle Astknoten versiegelt und das Holz grundiert werden (S. 164–165).

2 Herstellung des Porphyr-Basisanstrichs (etwa 0,5 Liter): 70% mattweiße Dispersionsfarbe (Latex), 20% Universalabtönpaste Siena gebrannt und 10% Abtönpaste Umbra natur. Mit dem Standardmalerpinsel zwei Schichten auftragen; jede mindestens 4 Stunden trocknen lassen. Anmerkung: Die Dispersionsfarbe kann man durch weiße Eierschalenfarbe, die Abtönpasten durch Künstlerölfarben ersetzen.

3 Erste Sprenkellasur: 30% transparente Öllasur, 20% Testbenzin und 50% Künstlerölfarbe Siena gebrannt. Die Borstenspitzen des Schlagpinsels in die Lasur tauchen, Überschüsse am Makulaturpapier abstreifen. Mit dem Schlagpinsel in der einen Hand und dem alten Pinsel (Holzstock) in der anderen etwa 15 cm von der Tür entfernt die Zwinge des Schlagpinsels gegen den Griff des alten Pinsels schlagen und einen feinen Tröpfchenregen auf die Türoberfläche senden.

4 Schritt 3 so lange wiederholen, bis die Tür mit Farbpünktchen übersät ist. Variieren Sie die Schlagstärke und die Entfernung von der Tür, um unterschiedliche Farbpünktchen zu erhalten. In diesem Stadium muß der Basisanstrich noch genügend durchscheinen. Fahren Sie dann in derselben Weise mit der zweiten Lasur fort: 30% transparente Öllasur, 20% Testbenzin und 50% schwarzer Künstlerölfarbe.

5 Dritte Sprenkellasur: 30% transparente Öllasur, 20% Testbenzin und 50% weiße Künstlerölfarbe. Wie zuvor, aber jetzt in lockerer Weise verfahren. Treten Sie einen Schritt zurück und betrachten Sie Ihr Werk. Mit jeder der drei Lasuren kann ein weiterer Farbaufbau erfolgen. Sie können aber auch mit dem Zeigefinger durch die Borsten eines kleinen, eckigen Künstlerpinsel fahren, um einen noch feineren Farbregen zu erzeugen und Zwischenräume aufzufüllen.

6 Die Sprenkel mindestens 24 Stunden trocknen lassen. Dann mit dem fusselfreien Lappen klare Wachspolitur in die Oberfläche einreiben und so ein schützendes und gleichzeitig fein wie Porphyr schimmerndes Finish herstellen. Die Politur etwa 20 Minuten härten lassen und mit einem weichen Tuch kräftig nachpolieren. Anmerkung: Es gibt eine Fülle klarer Wachse, aber gewöhnliche Möbelpolitur (oder feines mikrokristallines Wachs) tut es auch.

CARL JOHAN

Links und oben: *Zwei ungewöhnliche Beispiele volkstümlicher Maserierung. Die Holzplankenwände eines norwegischen Hauses wurden vor 1720 in barockem, an Intarsienarbeiten erinnerndem Stil gestaltet. Der Stuhl mit Querstreben-Rückenlehne (19. Jh., oben) ist in nordamerikanischer Kiefernart fein maseriert.*

Volkstümliches Maserieren

Wie die Marmoriertechnik diente auch das volkstümliche Maserieren dazu, auf den unterschiedlichsten Oberflächen und Gegenständen Imitationen echter Materialien herzustellen. Das heißt, auf Möbeln und Holzwerk aus gewöhnlichem Weichholz wurden die attraktiven Zeichnungen und Maserungen kostbarer Harthölzer nachgeahmt. Im Gegensatz zu der auf genaue Reproduktion bedachten und meist in Städten üblichen Holzmaserierung hatte das volkstümliche (»ländliche«) Maserieren oft keine spezielle Holzart zum Vorbild. Einfache Methoden wie die Pinsel- und Kammzugtechnik genügten für die Imitation von Harthölzern.

Die Kunst des Holzmaserierens beziehungsweise des volkstümlichen Maserierens, wie es in ländlichen Gegenden oft genannt wird, bezieht sich auf die andeutungsweise Imitation diverser Holzarten mittels Farbe und Lasur. Früheste Beispiele dieser dekorativen Technik finden sich im alten Ägypten. Dort war Holz rar, also sehr teuer, so daß sich die bis heute ausgeübte Technik der Holzimitation entwickelte, deren Ziel es war, das teure, dekorative Material so preiswert wie möglich nachzuahmen. So gesehen unterscheidet sich die Geschichte des Maserierens kaum von der des Marmorierens (S. 100–115).

In Europa, insbesondere Skandinavien, und Nordamerika hat es eigentlich nie einen akuten Mangel an Weichhölzern (verschiedene Kiefernarten) gegeben. Schnell wachsend und relativ preiswert, stellen sie nach wie vor den großen Holzvorrat für Möbel und Holzwerk. Meist sind diese Hölzer jedoch recht fein gemasert und ohne eine besondere Zeichnung, also von ziemlich unscheinbarem Aussehen – ganz im Gegensatz zu den meisten Harthölzern, die sich durch komplizierte und oft äußerst

Die Kiefernmaserierung *an den Wänden eines noblen Landhauses in Norwegen (spätes 18. Jh.) wurde mit einem schablonierten Blütenfries und gemaltem, blauem Marmorgesims geschmückt. Beachten Sie auch den marmorierten oberen Vorsprung und die untere Abschlußleiste des Eckhängeschranks.*

Die typische Kiefernzeichnung *und -maserung dieser Paneeltür samt Türstock erfolgte in rustikaler Maserierweise: Durch nasse gelbbraune Lasur wurde ein Pinsel gezogen und dann mit einem weichen Vertreiber geklopft. Nach dem Trocknen erhielt das Finish eine dünne, durchscheinende graubraune Antikisierlasur und damit ein gealtertes Aussehen.*

Volkstümliche Phantasiemarmorierung *an Tür, Türstock, Wandsockel und Fußbodenleisten. Auch hier (wie gegenüber) wurde ein Pinsel durch die holzfarbene Lasur gezogen, ohne daß jedoch eine bestimmte Holzart bzw. Maserung erkennbar wäre.*

Lasur im Detail: *Ein Ausschnitt der links abgebildeten Tür zeigt, daß die Antikisierlasur noch mit einer dunkleren Lasur besprenkelt wurde (zur Imitation von Fliegenpünktchen, Holzwurmspuren etc.).*

Einfacher Türknopf aus Kiefer: *Die interessante Zeichnung entspricht der von Walnußholz. Durch Wachsen und Polieren erhielten die Farben der schimmernden Oberfläche einen satten Ton.*

dekorative Maserungen auszeichnen, wie Walnuß, Mahagoni, Rosenholz, Satinholz und Ahorn. So waren Harthölzer schon immer begehrt für den Bau von Möbeln, zur Wandvertäfelung, für Türen, Böden und sonstiges Holzwerk im Haus.

Doch wachsen diese Hölzer langsam, so daß in den letzten 400 Jahren die Nachfrage meist größer war als das Angebot und die Preise entsprechend stiegen. Eine erste Reaktion auf das Problem der Rohstoffknappheit und Kostspieligkeit war (besonders bei Möbeln) die Verwendung dünner Holzscheiben (Furniere), die auf billigeres Weichholz aufgeklebt wurden. Aber bereits im 17. Jahrhundert waren viele hochwertige Furniere (insbesondere importiertes kubanisches Mahagoniholz und südamerikanisches Rosenholz) ebenfalls knapp geworden und nur noch für die Reichsten erschwinglich. Also griff man auf die bereits im alten Ägypten geübte Technik der Holzimitation mittels Farbe und Pinsel zurück.

Mitte des 17. Jahrhunderts galt das Holzmaserieren bereits als hochangesehene Kunst. Sogar viele der nobelsten Häuser Europas (für die echtes Hartholz kein Kostenproblem darstellte) verfügten über maserierte Türen und Wandvertäfelungen. Um die Mitte des 18. Jahrhunderts war die Holzmaserierung bereits derart in Mode gekommen, daß sie auch in viele bescheidenere Haushalte Eingang gefunden hatte. Ein ganz

Die Maserierlasur *für obigen Kleiderschrank im Shaker-Stil entstand vor Ort aus gebrochen weißer Kaseinfarbe und (zum Abtönen beigemischter) roter Tonerde (Georgia). Der volkstümlich maserierte Schrank ziert das Schlafzimmer eines Plantagenfarmhauses aus den 1840er Jahren in Atlanta/USA.*

Nordamerikanischer Frisierkommodenspiegel *(19. Jh.). Der aus Weichholz (vermutlich Kiefer) hergestellte Rahmen wurde auf Mahagoni getrimmt. Ein feinborstiger, durch die noch nasse Beize gezogener Pinsel sorgte für die enge, gleichförmige und für das echte Holz typische Maserung.*

»Kiefern«truhe *in Kammzugtechnik und maserierte »Mahagoni«-kommode (beide 19. Jh.) in einem Blockhaus in Texas/USA.*

Essig-maserierte *Kommode (aus sechs Planken) vor einem Wandquilt mit »Stern-Kreis«-Design in einem Farmhaus in Maine/USA.*

Schwedisches Hängeschränkchen *(18. Jh.) aus Kiefer, mit dunkelbrauner, volkstümlich maserierter Lasur auf Eiche getrimmt.*

Truhe *(19. Jh.) in Kammzugmaserierung, am Bettende in einem Farmhaus in Texas/USA. Der Quilt hat ein »Sieben-Sterne«-Design.*

Volkstümliche Maserierungen *waren zwischen dem 17. und 19. Jahrhundert in skandinavischen Landhäusern oft zu finden. Die schöne Kombination eines norwegischen Bücherschranks mit Schreibpult entstammt demselben Haus wie der umseitige Schrank (S. 124–125). Die in Weiß und Grau kontrastierenden Tür-, Pultdeckel- und Schubladenpaneele entsprechen dem schwedischen Malstil jener Zeit.*

holzvertäfelter, in Hartholzmanier maserierter Raum galt als Statussymbol und Zeichen von Wohlstand.

Ab Ende des 18. bis Mitte des 19. Jahrhunderts entwickelte sich die Kunst der exakten, gemalten Holzreproduktion, was durch die Stadthäuser Europas und Nordamerikas belegt wird. Dies war zum Teil eine Folge der verbesserten Maseriertechniken von Künstlern und Malern, die sich durch auf den Markt gekommene Fachbücher weiterbildeten. Wie bei den Marmorimitationen (S. 100–115) spielte auch hier der Engländer Thomas Kershaw eine entscheidende Rolle, da sich ein Großteil seines Werkes selbst bei genauester Inspektion nicht vom echten Material unterscheiden ließ.

Allerdings konnten die vielen äußerst virtuosen Hartholznachbildungen während des 19. Jahrhunderts keine Nachfragesteigerung bei dieser Dekorationstechnik bewirken. Abgesehen von einer kurzen Phase in den 80er Jahren des 19. Jahrhunderts – wo es Mode war, die Wände von Bibliotheken, Speisezimmern und Dielen in Eiche, Walnuß, Mahagoni, Kastanie und sogar Kiefer zu maserieren – traten serienmäßig gefertigte Tapeten, besonders in den Salons, als Konkurrenz auf. Und trotzdem blieben erstklassige Imitationen von Hartholz ein beliebtes Finish für Möbel aus Weichholz, aber auch für architektonische Ausstattungen wie Treppen, Wandsockel und Bilderrahmen sowie Türen, Türrahmen und Fußleisten.

Während des 19. Jahrhunderts blieb, von einigen vornehmeren Häusern abgesehen, die in ländlichen Gegenden Europas und Nordamerikas ausgeübte Maserierkunst weniger ausgefeilt als ihr städtisches Pendant. Was aber nicht heißt, daß das Bedürfnis, Möbel und Holzwerk aus Weichholz mit exotischen und wertvollen Hartholzfinishs zu versehen, nicht genauso groß gewesen wäre wie in der Stadt. Nur konnten sich die umherziehenden Handwerker (und selbst malenden Hausbesitzer) auf dem Land nicht so gut fortbilden (mangelte es ihnen doch an Arbeitsmaterialien über importierte Harthölzer und Fachpublikationen) wie die Spezialisten in den Städten. Zudem waren die Mittel und Ausstattungen der ländlichen Künstler und Maler oft simpler (und billiger) als die verfeinerten Farben, Lasuren und speziellen Maserierwerkzeuge ihrer in der Stadt arbeitenden Kollegen.

Einige der schönsten Beispiele rustikaler Maserierung finden sich auf Holzwerk und Möbel im ländlichen Nordamerika und Skandinavien ab Mitte des 17. Jahrhunderts bis Ende des 19. Jahrhunderts. Anstelle transparenter, mit verfeinerten Künstlerölfarben abgetönter Öllasuren arbeiteten die umherziehenden Hand-

Kunst- und stilvoll *ist die volkstümliche Maserierung (etwa 1801) dieses großen Schranks und der Tür in einem norwegischen Landhaus. Die hier imitierte Kronen- bzw. Flammenzeichnung findet sich meist an geschnittenem Eichen-, Ulmen-, Kastanien- oder Eschenholz.*

werker mit einfachen Erdpigmenten, die mit lokal vorhandenen Substanzen wie Essig, Bier und Leimfarbe vermischt waren. Und anstatt auf spezielle Maserierpinsel und Dachshaarvertreiber zur Bearbeitung des Holzes waren sie auf die Verwendung aller möglichen Materialien und Gegenstände wie Korkstücke, aus Leder oder geölten Folien geschnittene Kämme und diverse Pflanzenblätter angewiesen. Sie benützten sogar ihre Finger. Dementsprechend wenig Ähnlichkeit hatte das Ergebnis mit den natürlichen Farben, Zeichnungen und durch Wachspolitur sanft schimmernden Harthölzern. Das betrifft die schwarzen und mattroten »Phantasie«maserierungen in vielen schwedischen und norwegischen Land- und Bauernhäusern genauso wie das häufig in Nordamerika farbenfroh in Pinsel- und Kammzugtechnik maserierte Holzwerk und Mobiliar.

Die volkstümlichen Maserierungen waren also kaum oder gar nicht dazu angetan, das Auge zu täuschen, das heißt, ihm absolut echt wirkendes Hartholz vorzugaukeln. Vielmehr hatten sie eine stilisierte, theatralisch wirkende Qualität, bei der es einfach um Holz an sich ging.

Schrank in Eichenmaserung

In diesem Abschnitt geht es um die Imitation von Eichenholz. Sehen Sie sich verschiedene Möbelstücke aus Eiche an, und Sie werden deutliche Unterschiede in der Maserung und vor allem in der Holzzeichnung feststellen. Dies ist bedingt durch die unterschiedliche Weise, Holz zu schneiden. Das Schranktürpaneel zeigt eine Herzmaserung, während die Seitenpartien in ihrer Maserung Vierkanthölzern gleichen. Sie sind jedoch nicht sklavisch an diese Anordnung gebunden, das heißt, Sie können alles umkehren oder auch nur eine Maserungsart verwenden.

Was Sie brauchen

Abdecktuch Zum Abdecken des Bodens.

Grundierer Etwa 0,5 Liter in Weiß, auf Ölbasis.

Standardmalerpinsel Drei Pinsel: 2,5 cm, 5 cm und 7,5 cm breit.

Mattgelbe Eierschalenfarbe Etwa die gleiche Menge wie Grundierer.

Mischgefäße Vier oder fünf mit je 1 Liter Fassungsvermögen.

Transparente Öllasur Weniger als 0,5 Liter.

Künstlerölfarben Kleine Tuben mit Umbra gebrannt und Schwarz, für die Maserierlasuren.

Testbenzin (Lösungsbenzin) Eine kleine Flasche.

Schlagpinsel Großer, langborstiger Schlagpinsel zur Grundmaserierung und zum Vertreiben.

Künstlerpinsel Einen spitzen und einen abgeflachten Borstenpinsel (Schweineborsten), je 5 mm breit.

Fusselfreies Tuch Zum Reinigen der Pinsel und Aufwischen von Spritzern.

Kamm Aus Karton oder Plastik; Künstler- und Handwerksbedarfsläden.

Knopfschellack Verfeinerte Form der Französischen Politur; runde, flache Scheiben.

Stahlwolle Feinheitsgrad 0000 zum Auftragen der Wachspolitur.

Möbelpolitur Klares oder getöntes Wachs als Finishpolitur.

1 Bereiten Sie das blanke oder bereits gestrichene Holz vor (Beschreibung auf S. 164–169). Dann mit einem Standardmalerpinsel mindestens zwei Grundierschichten zum Abdecken des Holzes bzw. der Farbe auftragem. Jede Schicht etwa 8 Stunden trocknen lassen. Anschließend zwei Lagen gelbe Eierschalenfarbe aufstreichen. Pro Schicht mindestens 12 Stunden Trocknungszeit.

2 Herstellung der Basismaserierlasur: 50% transparente Öllasur, 20% Künstlerölfarbe Umbra gebrannt, 10% schwarze Künstlerölfarbe und 20% Testbenzin. Entscheiden Sie, mit welchem Schrankteil Sie beginnen wollen – hier ist es die Tür. Die Schritte 2 & 3 müssen vor dem Trockenwerden der Lasur durchgeführt sein. Dann mit einem Malerpinsel eine möglichst glatte Schicht Maserierlasur auftragen.

3 Um die Grundlagenschicht für Eichenholz zu schaffen, halten Sie die Borsten des Schlagpinsels parallel zur Oberfläche. Klopfen Sie mit den Borstenseiten die Fläche zart zu einer Reihe leicht überlappender vertikaler Streifen. Das entfernt winzige Lasurstückchen, was unregelmäßig geformte Poren ergibt. Die Borsten immer wieder am fusselfreien Tuch reinigen. Die Schritte 2 & 3 am gesamten Schrank durchführen.

4 Die erste Lasur muß 24 Stunden trocknen. Herstellung der zweiten Lasur: 40% transparente Öllasur, 20% Testbenzin, 25% Künstlerölfarbe Umbra gebrannt, 15% schwarze Künstlerölfarbe. Eine dünne Schicht transparente Öllasur auf der Tür verstreichen. Wenn diese (nach etwa 15 Minuten) klebrig wird, mit dem abgeflachten Borstenpinsel die zweite Lasur in Form einer Herzmaserung auftragen. Orientieren Sie sich am Muster (oben).

5 Manche Stellen der Herzmaserung lassen sich leichter mit dem Kamm (Karton oder Plastik) bearbeiten. Das sind die Bereiche, wo die Zeichnung aus einer Reihe leicht vertikal parallel verlaufender Wellenlinien besteht. Wie zuvor die Lasur mit dem Künstlerpinsel auftragen. Dann den »Kamm« vertikal halten und von oben nach unten durch die nasse Lasur ziehen. Jeweils am Ende einer solchen Bahn den Kamm mit dem fusselfreien Tuch reinigen.

6 Sobald die Herzmaserierung beendet ist, kann das Finish in dieser etwas rustikaleren Art als beendet betrachtet werden. Möchten Sie jedoch ein feineres Finish, muß die Lasur sanft mit dem Schlagpinsel geklopft werden (wie hier). Sie wenden die Technik von Schritt 3 an, müssen jetzt allerdings warten, bis die Lasur klebrig ist, bevor Sie beginnen können. Das Klopfen muß sehr sanft vor sich gehen.

7 Gehen Sie jetzt zu einer der Schrankseiten über, die bereits ihre Basismaserierlasur erhalten hat. Siehe dazu Schritte 2 & 3. Nehmen Sie die bereits in Schritt 2 verwendete erste Lasur und tragen Sie davon mit dem Malerpinsel eine Schicht auf. Ein peinlich genauer Auftrag ist nicht erforderlich; aber es ist für den nächsten Schritt hilfreich, wenn Sie Ihre Pinselstriche vertikal halten.

8 Der nächste Schritt zum Aufbau des Vierkantmusters erfordert, daß Sie den Kamm durch die noch nasse Lasur ziehen. Halten Sie ihn jetzt horizontal und ziehen Sie ihn leicht von oben nach unten in einer Reihe leicht überlappender Bahnen. Am Ende einer jeden überschüssige Lasur am fusselfreien Tuch abstreifen. Sollte die Lasur zu rasch trocknen, streichen Sie etwas mehr davon auf und wiederholen Sie den Kämmvorgang.

9 Wickeln Sie für die Herstellung der Bogen ein Stück fusselfreien Tuchs um den Zeigefinger. Wischen Sie damit leicht durch die noch nasse Lasur, wobei Sie eine Reihe unregelmäßig geformter, verschieden angeordneter Bogen zeichnen. Jeder entsteht durch eine einzige Bewegung. Dann eine neue Stelle des Tuchs um den Finger wickeln. Die Abstände zwischen den Bogen bleibt Ihnen überlassen. Orientieren Sie sich aber an der Abbildung oder an einem echten Stück Eichenholz.

10 Wiederum haben Sie die Wahl: Wünschen Sie ein rustikaleres Finish, dann ist Ihre Arbeit jetzt beendet. Möchten Sie jedoch ein feineres Finish (wie hier), dann klopfen Sie leicht mit den Borstenseiten des Schlagpinsels über die klebrige Lasur (Schritt 6). Nicht vergessen, die überschüssige Lasur an einer sauberen Stelle des fusselfreien Tuchs abzuwischen.

11 Nach Fertigstellung der Schrankseite die Lasur mindestens 24 Stunden trocknen lassen. Dann mit dem Malerpinsel eine Schicht Knopfschellack auftragen, um das Finish zu schützen und ihm Glanz zu verleihen. Nicht zuviel streichen, sonst entstehen häßliche Pinselspuren auf der Oberfläche; die Pinselstriche in Maserungsrichtung beenden. Etwa 6 Stunden trocknen lassen.

12 Um den Glanz der Schellackpolitur zu dämpfen und eine fein schimmernde Patina zu erzeugen, wischen Sie mit feiner Stahlwolle leicht über etwas Möbelwachs und reiben dieses im Maserungsverlauf in die Oberfläche ein. Wenn Ihnen die Farbe Ihrer Eiche gefällt, nehmen Sie klares Wachs; ansonsten etwas abgetöntes, um die Eiche leicht nachzudunkeln. Dann alles mit einem weichen, fusselfreien Tuch auf Glanz polieren.

Truhe in Kammzugtechnik

Während des 18. und 19. Jahrhunderts erfreute sich die Kammzugtechnik zur Dekoration von Möbeln großer Beliebtheit in den ländlichen Gegenden Skandinaviens und Nordamerikas. Bei der relativ einfachen Technik werden die Zähne eines Kamms (traditionsgemäß aus Karton, Knochen oder Metall) durch eine nasse Lasur gezogen und erzeugen dabei parallel verlaufende, sich farblich vom Untergrund abhebende wellenförmige Linien. Im Grunde handelt es sich um eine sehr grobe Form der Holzmaserierung – die Strukturen und Farben entsprechen allerdings nur vage einer echten Holzmaserung.

Was Sie brauchen

Holz- oder Metallspachtel Zur Lederentfernung.

Stahlwolle Kaufen Sie Stärke 3 und 0000.

Spachtelmasse Für eine glatte Oberfläche zum »Kämmen«.

Standardmalerpinsel Zwei Pinsel: 2,5 cm breit und 5 cm breit.

Weißer Grundierer Für eine ungestrichene Truhe etwa 1 Liter.

Rehbraune/senffarbene Eierschalenfarbe Sie benötigen etwa 0,5 Liter als Basisanstrich.

Schleifpapier Mittlere und feine Körnung.

Transparente Öllasur Kleine Dose.

Testbenzin (Lösungsbenzin) Kleine Flasche.

Künstlerintensivfarben Umbra natur und Umbra gebrannt.

Kleine Mischgefäße Drei oder vier.

Künstlerpalette Zum Farbenmischen.

Kamm Kaufen Sie einen 5 cm und einen 2,5 cm breiten Kamm aus Plastik oder Karton.

Fusselfreies Tuch Zum Reinigen der Kämme.

Knopfschellackpolitur Kleine Flasche.

Klares Möbelwachs Kleine Dose.

Schwarze Metallfarbe Mit Rostumwandler und Stabilisator (S. 164–169).

1 Früher wurde die Kammzugtechnik meist an Vorratsbehältnissen wie Truhen ausgeführt, wobei sie besonders effektiv an Ausführungen mit gewölbtem Deckel wirkt. Exemplare aus dem 18. und 19. Jahrhundert sind heute rar (und teuer). Aber es gibt genügend preiswerte, in billiges Leder gekleidete Reisetruhen aus den Anfängen des 20. Jahrhunderts. Dieses Leder kann durch Bedampfung mit heißem Wasser und einem stählernen Tapetenspachtel leicht entfernt werden.

2 Alle Eisenbänder mit Stahlwolle (Stärke 3) von Rost befreien und die Oberfläche aufschließen. Etwas Spachtelmasse zur Konsistenz von sehr dicker Creme verrühren und mit dem Metallspachtel oder einem Malerpinsel auf das Holz auftragen. Einige Schichten aufbauen und nach Trocknung mit dem Schleifpapier zu einer glatten Fläche schmirgeln. Jetzt den weißen Grundierer aufstreichen, trocknen lassen und zwei Schichten rehbrauner oder senffarbener Eierschalenfarbe folgen lassen.

3 Die Eierschalengrundfarben mindestens 24 Stunden durchtrocknen lassen. Herstellung der Lasur: 40% transparente Öllasur, 20% Testbenzin, 20% Umbra natur Künstlerfarbe und 20% Umbra gebrannt Künstlerfarbe. Die Lasur ziemlich dick mit einem Malerpinsel nur auf zwei oder drei Holzpaneele aufstreichen, da sie zum Kämmen naß oder zumindest noch klebrig sein muß.

4 Den Kamm zwischen Daumen und Finger nehmen. Beginnen Sie an einem Paneelende und ziehen Sie ihn in gleichmäßig wellenförmigen Bewegungen durch die nasse Lasur bis zum anderen Ende. Die Kammzähne mit einem fusselfreien Tuch säubern und die Arbeit wie zuvor fortsetzen. Arbeiten Sie rasch, damit die Lasur nicht antrocknet. Sollte sie bereits trocken sein, wischen Sie sie mit einem mit Testbenzin befeuchteten Lappen ab und tragen Sie neue Lasur auf (Schritt 3).

5 Wenn alle Paneele maseriert sind, die Truhe mindestens 24 Stunden trocknen lassen. Streichen Sie dann rasch eine Schicht Knopfschellackpolitur auf (vermeiden Sie ein Überstreichen, da dies Spuren im Finish hinterläßt). Die Politur versiegelt die Lasur und verleiht dem Finish Hochglanz. Sie können den Glanz mildern, indem Sie nach Trocknung mit feiner Stahlwolle (0000) klares Möbelwachs auftragen und mit einem weichen Tuch polieren.

6 Alle Eisenbänder und Schlösser müssen gestrichen werden. Am besten eignet sich dazu ein exakter Auftrag handelsüblicher schwarzer Metallfarbe (mit Rostumwandler und Stabilisator). Solche Farben decken gut, so daß meist nur eine Schicht erforderlich ist. Sie geben allerdings schädliche Dämpfe ab, die eingeatmet in jedem Fall problematisch sein können. Arbeiten Sie also in einem gut gelüfteten Raum mit Gesichtsmaske und halten Sie Kinder und Tiere außer Reichweite.

Mit Essig maserierter Spiegelrahmen

Maserieren mit Essig ist eine recht einfache, in früheren Jahrhunderten besonders in Nordamerika oft ausgeführte Technik zur Nachahmung der Zeichnung und Maserung exotischer (und teurer) Harthölzer auf Weichholz. Sie eignet sich vorzüglich zur Reproduktion von Ahorn mit Vogelaugenmaserung. Am besten besorgen Sie sich ein Stück echten »Vogelaugen«-Ahorn als Anschauungsmaterial, oder Sie verlegen sich auf rustikales Maserieren, bei dem es eher um Holz an sich geht als um die genaue Reproduktion typischer Holzeigenschaften.

Was Sie brauchen

Abdeckband Zum Abdecken des Spiegelglases.
Weißer Grundierer Knapp 300 ml; auf Ölbasis.
Standardmalerpinsel Drei Pinsel: je 2,5 cm breit.
Gelbe Kaseinfarbe Knapp 300 ml.
Mattweiße Dispersionsfarbe (Latex) Etwa 75 ml.
Fullererde Einen Eßlöffel voll.
Fusselfreier Lappen Zum Wischen des Rahmens.
Künstlerpigmentpulver Je einen Teelöffel voll Siena gebrannt, Siena natur und Umbra natur.
Heller Essig 150 ml.
Künstlerpalette Zum Mischen der Lasur.
Mischgefäße Zwei 1 Liter fassende Plastik- oder Metallbehälter.
Kleiner Künstlermaserierpinsel Zur Herstellung von Holzmaserung und -zeichnung in der Lasur.
Vertreiberpinsel Aus Dachshaar oder feinen Schweineborsten.
Knopfschellackpolitur
Stahlwolle Feine Sorte 000.
Bienenwachsmöbelpolitur Klar oder getönt.
Testbenzin (Lösungsbenzin) Zur Pinselreinigung.

1 Tragen Sie nach Abdecken des Spiegelglases zwei Schichten weißen Grundierer auf Ölbasis auf den Kiefernrahmen auf. Jede Schicht muß mindestens 12 Stunden trocknen. Dann folgen ein oder zwei Basisanstriche: 70% gelbe Kaseinfarbe und 30% mattweiße Dispersionsfarbe (Latex). Jede Schicht mindestens 12 Stunden trocknen lassen. Wischen Sie dann mit einem sauberen, fusselfreien Lappen etwas Fullererde über den Rahmen.

2 Herstellung der Essiglasur: von den Künstlerpigmentpulvern etwa 10% Siena gebrannt, 20% Siena natur, 10% Umbra natur und 60% hellen Essig. Insgesamt benötigen Sie nur 150 ml Lasur, um einen durchschnittlich großen Spiegelrahmen zu behandeln. Mit einem der Malerpinsel tragen Sie so gleichmäßig wie möglich eine Lasurschicht auf einer Rahmenseite auf. Nach Möglichkeit nicht überstreichen.

3 Ziehen Sie rasch den kleinen Künstlermaserierpinsel durch die Lasur, bevor sie klebrig wird. An einem Seitenende beginnen und in einer Bahn bis zum anderen Ende in leicht welliger Bewegung ziehen. Die sanften, in der Lasur zurückbleibenden Wellenlinien stellen die Basismaserung des »Vogelaugen«-Ahorns dar. Am Ende einer jeden Bahn die Pinselborsten am Lappen säubern.

4 Gießen Sie etwas Essig in einen kleinen Behälter. Nun den Zeigefinger eintauchen und die noch nasse Lasur damit berühren. Der Essig führt zu einer chemischen Reaktion, die die Lasur von der Berührungsstelle wegtreibt und kleine, runde Knötchen (Vogelaugen vergleichbar) zurückläßt – ein typisches Zeichen für Ahorn. Orientieren Sie sich an den Abbildungen, aber auch an einem Stück echten Ahorns zwecks Lage und Abstand der Knötchen (Vogelaugen).

5 Mit einem Vertreiber die noch leicht klebrige Lasur sanft in allen Richtungen überstreichen, damit alle harten Kanten um die Knötchen, aber auch in der Maserung gemildert werden und eine glatte Oberfläche entsteht. Ein feiner Dachshaarvertreiber eignet sich am besten dafür. Da er jedoch sehr teuer ist, wäre der etwas gröbere Schweineborstenvertreiber eine gute Alternative. Dann die Schritte 2–5 auf den übrigen Seiten des Spiegelrahmens wiederholen.

6 Eine Schicht Knopfschellackpolitur aufstreichen und etwa 8 Stunden trocknen lassen. Dann ein kleines Stück feiner Stahlwolle in die klare (oder leicht getönte) Möbelpolitur tauchen. Den Spiegelrahmen sanft in Maserungsrichtung damit einreiben. Falls nötig, mehr Politur verwenden. Die Stahlwolle mildert den Hochglanz der Schellackpolitur. Schließlich alles mit einem weichen, fusselfreien Tuch auf Seidenglanz polieren.

Oben und links: *Holzutensilien, Möbel und Holzwerk – ob geschnitzt, gesägt oder gedrechselt – haben im Alltagsleben eines Landhauses oft eine wichtige Funktion und ästhetische Bedeutung. Durch eine Fülle traditioneller Beizen, Öle, Polituren und Wachse kann ihre natürliche Schönheit noch hervorgehoben werden.*

Kalken & Beizen

Was das Farbtünchen, Anstreichen, Schablonieren, Marmorieren und volkstümliche Maserieren für Möbel und Holzwerk aus Weichholz waren, bedeutete das Beizen, Wachsen und Kalken für Harthölzer. Die meisten dieser kostbaren Hölzer (insbesondere Eiche und Mahagoni) verfügen über derart attraktive Maserungen und Zeichnungen, daß ein Überstreichen mit Farbe nicht in Frage kommt. Während mit Kalkmixturen die Maserungen betont wurden, hob man mit Beizen und Wachsen nicht nur die Zeichnung und Maserung hervor, sondern vertiefte damit auch die natürliche Farbe des Holzes.

Während der letzten 500 Jahre kamen in den ländlichen Gegenden Europas und Nordamerikas eine Fülle von Methoden zur Anwendung, welche die natürliche Schönheit von Hölzern besonders betonten. Die besten und dauerhaftesten waren Kalkteig, Weißwachse, Beizen und Färbeflüssigkeiten sowie Öle, Wachse, Polituren und Lacke.

Kalkteige und Weißwachse dienten der Aufhellung (bzw. dem Bleichen) natürlicher Holzfarben bei gleichzeitigem Schutz vor Insektenbefall. Traditionsgemäß wurden sie auf Möbeln, Wandvertäfelungen, Böden und anderweitigem Holzwerk aus weitporigen Harthölzern wie Eiche und Esche angewendet, aber auch auf engporigen wie Kiefer. Kalkteige und Weißwachse werden meist mit skandinavischen Interieurs des 18. und 19. Jahrhunderts in Verbindung gebracht, doch waren sie bereits im 16. Jahrhundert in europäischen Landhäusern sowie von der Kolonialzeit bis Ende des 19. Jahrhunderts in nordamerikanischen Häusern auf dem Land in Gebrauch.

Weißwachse passen am besten zu weitporigen Hölzern, Kalkteige dagegen eher zu engporigen und beanspruchten Flächen (z.B. Böden), die zudem eine Lackierung benötigen. Heute sind vorgemischte Pasten und Wachse im Malerfachhandel erhältlich. Sie können aber auch selbst zubereitet werden (S. 146–147, mit Misch- und Anwendungsanleitung für traditionelle Kalkteige). Zur Herstellung von herkömmlichem Weißwachs

Designer Christophe Decarpentrie *importierte diese mit Knöpfen beschlagene, gekalkte zweiteilige Tür aus Marokko und verwendete sie als Eingang zum Schlafbereich seiner Wohnung in Brüssel/Belgien. Abgesehen von ihrer reizvollen Ästhetik schützt die Kalktünche vor Insektenbefall (eine in Nordafrika besonders wichtige Vorsichtsmaßnahme).*

Der Hauptwohnbereich *in The Malt House, einem Gebäudeumbau am Rand von Bath in Somerset/England. Der blanke Kieferndielenboden wurde mit einer dünnen Kalkmixtur behandelt. Nicht gebeizt ist der moderne, von Richard Latrobe Bateman entworfene Buchentisch; nur die Tischplatte erhielt eine Schutzschicht aus klarem Wachs.*

Das gebeizte, kanadische *Mahagonischränkchen mit Füßen beherbergt eine Reihe Patchwork-Decken; Farmhaus in Maine/USA.*

Diese englische Mahagonisitzbank *wurde von ihrem derzeitigen Besitzer bis aufs blanke Holz abgebeizt und mit weißer Holzbeize gestrichen. Die Beize reagierte überraschenderweise mit dem Holz und hüllt die gesamte, gekalkt wirkende Oberfläche in einen geisterhaften Blauton.*

Verwitterte Kiefernbank *auf einer Veranda in Seaside, Florida/USA. Leinöl verhindert das Austrocknen und Splittern von Holz.*

Sehr schönes Exemplar *einer gebeizten, gewachsten und polierten Sitzbank (frühes 18. Jh.). In diesem Stil gefertigte Stücke wurden oft »Schinken-Sitzbänke« genannt, da das hohe, rückwärtig eingebaute Schrankteil als Raum für eine Schinkenseite diente. Unter dem Sitz gibt es eine Vorratskiste.*

Zwei schöne antike Stühle *in einem Raum der Frog Pool Farm in Avon/England. Beide sind aus gebeiztem und poliertem Walnußholz. Der Stuhl links der Tür stammt aus der Zeit Jakobs II. (1685–1688); der rechte aus Lancashire/England (Mitte 17. Jh.).*

Französischer Provinzschrank *mit erhabenem Schnitzwerk an den Türpaneelen. Durch Beize und regelmäßige Politur erhielt er eine weiche, schimmernde Patina. Heute befindet er sich im Schlafzimmer eines Landhauses in Connecticut/USA.*

Das gewachste und polierte Kiefernschränkchen *(19. Jh.) war früher das Unterteil einer Küchenanrichte. Im 18. und 19. Jahrhundert gab es viele Möbel dieser Art. Einige waren original bemalt, andere zur Betonung des natürlichen Holzes nur gewachst oder geölt.*

Großes spezialgefertigtes Küchenbüfett *aus Kiefer. In Stadthäusern des 18., 19. und 20. Jahrhunderts wurden solche Schränke oft bemalt. Nicht aber in Landhäusern, wo (wie hier) im bescheiden gemaserten Holz das Licht des Tages in warmen Tönungen spielt.*

stellen Sie ein Gefäß mit einem Block reinen Bienenwachses in einen wassergefüllten Kochtopf. Das Wasser leicht erhitzen (es darf nicht in das Gefäß überkochen), bis das Wachs schmilzt. Dann Titanweißpulver in das Wachs mischen (1 Teil Pulver, 3 Teile Wachs). Die Mischung in ein anderes Gefäß umgießen und setzen lassen. Dann mit einem Baumwolltuch in die Holzoberfläche einreiben und 30 Minuten einziehen lassen. Das überschüssige Wachs abwischen und die Oberfläche zu feinem Schimmer polieren.

Des weiteren bieten sich zur Bearbeitung von Hölzern Holzbeizen auf Wasser-, Öl-, Spiritus- und chemischer Basis an. Beizen auf Wasserbasis (auch als Färbeflüssigkeit bekannt) bestehen aus in Wasser gelösten Erdfarbenpigmentpulvern. Sie wirken am besten auf hellen, engporigen Hölzern wie Buche und Kiefer. Poröse Weichhölzer nehmen die Beize jedoch ungleichmäßig auf, es entsteht ein fleckiges Aussehen. Wasserbeizen lassen die Holzfasern auch aufquellen, das heißt, sie müssen dann vor dem Einwachsen und Polieren abgeschliffen und mit Schellack versiegelt werden.

Die meisten Beizen auf Ölbasis bestehen aus einem Gemisch aus Öl, Pigmenten, Testbenzin und Naphtha (ein Flüssigdestillat aus Steinkohlenteer). Sie lassen die Holzfasern nicht aufquellen und sorgen für eine gleichmäßige Färbung. Aber sie sind teuer, langsam trocknend und beschränken sich auf Möbel aus hochwertigem Hartholz.

Holzbeizen auf Spiritusbasis lassen sich durch Auflösen von Pigmentpulvern in Brennspiritus (denaturierter Alkohol) und unter Zusatz von Schellack herstellen: 1 Teil Schellack auf 4 Teile Brennspiritus. Diese Beizen ergeben im Gegensatz zu Wasserbeizen mattere Farben und werden meist auf öligen, harten und feinfasrigen Hölzern angewendet. Sie lassen die Fasern ebenfalls aufquellen. Da sie schnell trocknen, können sie nur schwer auf großen Flächen gleichmäßig aufgebracht werden.

Chemische Beizen bestehen aus in Wasser gelösten Chemikalien wie Kupfersulfat, Kaliumbichromat, blaues Eisenvitriol und Ammoniak. Gekonnt aufgetragen, zeitigen sie erstaunlich feine Resultate. Ammoniak beispielsweise verleiht Mahagoni ein dunkles, leicht graustichiges Braun, blaues Eisenvitriol gibt den meisten Holzarten einen hellgrauen Ton, Kaliumbichromat verleiht Buche eine helle Tönung und Walnuß ein blasses Gelb. All dies ist eine Folge chemischer Reaktionen mit der Gerbsäure des Holzes. Da sich schwer abschätzen läßt, wieviel Gerbsäure im Holz vorhanden ist, bleibt die Endfarbe immer ein wenig dem Zufall überlassen.

Zum Abschluß gibt es verschiedene Gestaltungsmöglichkeiten für das Finish. Bei ländlichem Mobiliar waren es oft Öl- oder Wachspolituren. Ölabschlüsse beschränkten sich meist auf weitporige Hölzer wie Eiche, Teak und aus Mittelamerika eingeführte Harthölzer. Manchmal wurde rohes Leinöl verwendet.

Stuhl mit Längsstreben-Rückenlehne *(frühes 19. Jh.) neben lackiertem Vorratsschrank aus Kiefer. An der Wand ein gestrichenes Kiefernschränkchen von ungewöhnlicher Form. Möbel aus preiswerten Weichhölzern waren in Landhäusern gestrichen oder ungestrichen; solche aus teureren Harthölzern, wie der stabile Eichenstuhl, nur gebeizt und geölt bzw. gewachst.*

Eine Reihe rustikaler Möbel *aus dem 18., 19. und 20. Jahrhundert prägt den Landstil dieser Küche. Abgesehen vom grün gestrichenen, leicht abgenutzten Vorratsschrank wirken alle Möbelstücke in den weichen Tönen, den feinen Zeichnungen und Maserungen des ihnen eigenen Holzes.*

Eine natürlich verwitterte, *aus fünf Brettern gezimmerte Kiefernsitzbank. Fürs Freie gedacht, wird sie zum Schutz vor Feuchtigkeit lackiert.*

Dieser aus Zweigen und Ästen *geschnitzte amerikanische Verandastuhl wurde zum Schutz vor Witterungseinflüssen geölt oder lackiert.*

Ein nordamerikanischer, *rustikaler Schaukelstuhl mit Querstreben-Rückenlehne konnte draußen auf natürliche Weise verwittern.*

Eine quergeteilte, naturbelassene *Eichentür mit Scharnieren und Riegeln im Landhaus (18. Jh., Nordamerika) des Designers Stephen Mack.*

Gedrechselte Schalen *fanden sich häufig in den ländlichen Gemeinschaften Europas und Nordamerikas. Sie dienten in der Küche dem Aufbewahren oder Mischen von Nahrungsmitteln. Hier jedoch enthält eine von ihnen Seifen. Ein leichter Auftrag von Pflanzenöl unterstützt die natürlichen Harze des Holzes als Feuchtigkeitsschutz.*

Eine hölzerne Butterform *(19. Jh.) mit dem eingeschnitzten Bild einer Milchkuh. In holzreichen ländlichen Gegenden gab es alle möglichen Arten praktischer und zugleich dekorativer Holzwaren wie diese. Meist wurden sie an langen, kalten Winterabenden am Feuer geschnitzt.*

Schneidbretter aus Holz *finden sich in ländlichen wie städtischen Küchen. Diese beiden Bretter in Form von Schweinen werden jedoch direkt mit dem Land assoziiert. Unbehandelte Buche, Ahorn und Platane eignen sich aufgrund ihrer engen Poren, Festigkeit und Feuchtigkeitsresistenz sowie ihres fehlenden Eigengeschmacks und -geruchs gut als Schneidbretter.*

Aufgrund seiner langen Trocknungszeit (etwa drei Tage) wurde meist erhitztes Leinöl bevorzugt (trocknet innerhalb von 24 Stunden). Heute ist auch handelsübliches Teaköl eine gute Alternative. In beiden Fällen gilt folgende Anwendung: Reichlich Öl auf einen Baumwollappen geben und damit das Holz einreiben. Zwei oder drei Minuten einziehen lassen und dann mit einem sauberen Tuch Überschüsse abwischen. Weiter ein oder zwei Schichten auftragen. Teaköl hat eine Trocknungszeit von 8 Stunden, erhitztes Leinöl von 24 und rohes Leinöl von 72 Stunden. Dann mit einem weichen Tuch auf Glanz polieren.

Herkömmliche Wachspolituren gab es in vielfältigen Zusammensetzungen. So bestand ein für solide Holzmöbel geeignetes, hartes und strapazierfähiges Wachs aus einer Mischung von geschmolzenem Bienen- und Karnaubawachs, die mit Terpentin beziehungsweise denaturiertem Alkohol im Verhältnis 1:3 gemischt wurde. Getrocknet ergab sie eine harte Politur, die man ins Holz strich oder rieb, zwei oder drei Stunden einwirken ließ und dann mit einem weichen Lappen zu tief schimmerndem Glanz polierte. Ein etwas weicheres, weniger strapazierfähiges Wachs entstand ohne Zusatz von Karnaubawachs und wurde mit einem Baumwolltuch statt eines Pinsels aufgetragen. Mit einem Zusatz von Erdfarbenpigmenten ergab sich ein dunkler getöntes Finish. Meist jedoch wurde vor dem Wachsauftrag eine dünne

Schicht Schellack (Knopfpolitur) auf das Holz gestrichen und trocknen gelassen. Schellack diente der Oberflächenversiegelung, was verhindert, daß das Wachs ins Holz eindringt und aufgrund seiner Fähigkeit, Schmutz anzuziehen, das Holz leicht grau färbt.

Manchmal wurden auch auf weniger wichtigen Möbelstücken verschiedene Arten klaren oder leicht getönten Lacks als Finish aufgebracht. Meist diente dieser jedoch als Abschluß auf Holzwerk wie Wandvertäfelungen, Türen, Treppengeländer, Setzstufen, Fußleisten und Außenwandverkleidungen. Die traditionellen, auf dem Land benutzten Lacksorten lassen sich in solche auf Spiritus- und auf Ölbasis einteilen.

Der klare, für Innenholzwerk verwendete Spirituslack bestand aus einer Mischung von 500 Gramm Schellackharz mit 0,75 Liter denaturiertem Alkohol. Diese wurde 24 Stunden stehengelassen und dann abgeseiht. Nun erhielt das Holz eine oder mehrere, zu mittlerem Glanz auftrocknende Schichten. Ein Zusatz von Stocklack (ein Harz) verlieh dem Holz einen orangeroten Schimmer.

Der typische Innenlack auf Ölbasis wurde durch langsames (eindickendes) Erhitzen von Leinöl hergestellt und dann aufgestrichen. Für Außenbereiche und sonstige feuchte Örtlichkeiten erwies sich eine Mischung aus Trockenöl und Bleiglätte als effektiv. Doch ersetzen im ausgehenden 20. Jahrhundert handelsübliche Polyurethanlacke solche Rezepturen weitgehend.

Hohes kunsthandwerkliches Niveau *war oft an bearbeitetem Holzwerk auf dem Land zu beobachten. Die Art der Konstruktion, dekorative Schnitzerei und Liebe zum Detail dieses zauberhaften, mit Schellack und Wachs behandelten Gewürzkastens (spätes 18. Jh.) ist typisch für viele wertvolle Stücke jener Zeit.*

Eiervorratskiste *(frühes 20. Jh.). Ganz im Gegensatz zum kunstvollen Gewürzkasten gegenüber ist diese Kiste relativ grob gezimmert. Der Rahmen besteht aus auf Stoßfuge gearbeiteter, gebeizter Kiefer und ist mit genagelten Metalleckbeschlägen sowie eisernem Riegel, Tragegriff und Scharnier bestückt. Das Vorhängeschloß besteht aus Messing.*

Traditionelle, gebeizte *Kiefernwandhalterung (19. Jh.) für Kochlöffel – in allen Formen und Größen aus Bergahorn geschnitzt.*

Eine bemalte Löffelhalterung *aus Kiefer (19. Jh.). Gelegentliches Einreiben mit Pflanzenöl schützt die Löffel vor Reißen und Brechen.*

Auch nach der Einführung *von Metallbesteck in ländlichen Haushalten des 20. Jahrhunderts wurde meist solches mit Holzgriffen bevorzugt.*

Holzteile *müssen gebeizt und gewachst werden, damit sie durch Spülwasser nicht angegriffen werden.*

Zwei Holznudelbretter, *auf einer einfachen handbetriebenen Drehbank hergestellt, sowie ein Butterspatel (alle 19. Jh., Nordamerika).*

Messer und Löffel *(18. Jh.) aus Holz geschnitzt. Gabeln waren in ländlichen Gegenden erst Ende des 19. Jahrhunderts gebräuchlich.*

Gekalkter Dielenboden

Die hier gezeigte Methode des Kalkens ist eine besonders in England und Skandinavien herkömmliche Methode der Gestaltung von Holz. Sie wird an blanken Dielenbrettern demonstriert, kann jedoch ebenfalls an anderem Holzwerk, z. B. Wandvertäfelungen, ausgeführt werden. Am besten wirkt sie auf Kiefer und Eiche, da diese Hölzer relativ weite Poren haben, wo sich (im Gegensatz zu Walnußholz) die Kalklasur ansammeln kann. Die in der Faser deckende Lasur bildet dann einen Ton-in-Ton-Kontrast zur durchscheinenderen Schicht auf dem übrigen Holz.

Was Sie brauchen

Hammer und Splinten Zum Einschlagen der Dielenbretternägel.

Bodenschleifmaschine Kann im Fachgeschäft ausgeliehen werden; mit grobem und mittelfeinem Schleifpapier.

Großer Plastikeimer Zum Einweichen des Tierleimgranulats.

Langer Holzstock Zum Umrühren des Leims.

Tierhautleim Auch als Hasenleim bekannt. Für den Dielenboden eines durchschnittlich großen Raums benötigen Sie etwa 500 Gramm Granulat.

Alter Kochtopf Mittelgroß.

Campingöfchen Zum Erwärmen der Kalklasur vor Ort.

Mischgefäß Keramik oder feuerfestes Glas, das in den Kochtopf paßt und am Rand aufliegt, ohne den Topfboden zu berühren.

Zwei große Löffel Zum Mischen der Lasur.

Schlämmkreide (pulverisierte Kreide/Kalkstein) Sie benötigen etwa 125 Gramm.

Zwei Standardmalerpinsel Je 10 bis 15 cm breit.

Matte Acryldispersionslasur (Latex) Sie benötigen etwa 0,5 Liter.

1 Befestigen Sie alle losen Dielenbretter, und schlagen Sie mit Hammer und Nageltreiber alle Splintenköpfe unter die Brettoberfläche. Ist der Dielenboden neu, beginnen Sie direkt mit Schritt 2. Alte gebeizte, gestrichene, lackierte oder schmutzige Bretter sind zuerst abzuschleifen. Leihen Sie eine Schleifmaschine aus, und bearbeiten Sie nach Anleitung des Herstellers den Boden diagonal – zunächst mit grobem, dann mit mittelfeinem Schleifpapier.

2 Den großen Plastikeimer mit etwa 3 Liter kaltem Wasser füllen. Dann etwa 500 Gramm Tierhautleim (Hasenleim) langsam mit dem Stock einrühren und über Nacht weichen lassen. Bis zum nächsten Morgen hat der Leim das gesamte Wasser aufgesogen und sich volumenmäßig sehr vergrößert (Sie benötigen also einen großen Eimer). Das Gemisch hat jetzt die Konsistenz von schwerem Kuchenteig. Lösen Sie durch Umrühren alle Klumpen auf.

3 1 Liter Wasser im Kochtopf zum Kochen bringen. Die Temperatur herunterschalten und das Wasser leicht sieden lassen. Den Leim in das feuerfeste Gefäß geben und in den Kochtopf setzen (der Rand des Gefäßes ruht auf dem Kochtopfrand). Vermeiden Sie jeglichen Kontakt des Leims mit Wasser. Innerhalb der nächsten Stunde löst er sich langsam ganz auf (weder umrühren noch kochen lassen). Nun alle Unreinheiten mit dem Löffel von der Oberfläche abschöpfen und langsam 125 Gramm Schlämmkreide untermischen.

4 Die Kalkmixtur auf dem Öfchen warm halten und mit dem Malerpinsel eine Schicht auf die Dielenbretter auftragen. Etwa 8 Stunden trocknen lassen. Die Lasur wird zunehmend weiß deckend und kreidig. Eine zweite Schicht auftragen (die Lasur gegebenenfalls sanft erwärmen) und trocknen lassen. Dann eine Schutzschicht aus matter Acryllasur auftragen, die die Kalklasur zunächst durchscheinend macht. Innerhalb von 2 Stunden trocknet sie jedoch wieder zur weiß deckenden, kreidig wirkenden Farbe auf.

Gebeizter und polierter Stuhl

Beizen, Wachsen und Polieren gibt Ihnen eine ziemlich rasche und einfache Möglichkeit an die Hand, alte und verbrauchte Finishs auf Möbeln aufzufrischen oder, umgekehrt, neue Stücke relativ problemlos zu antikisieren. Ein Teil des Antikisierprozesses ist das Beizen und Nachdunkeln des Holzes. Sie können dies ganz nach Wunsch handhaben und die der Politur zugefügte Pigmentmenge entsprechend variieren. Handelt es sich jedoch um seltene oder kostbare Stücke (Antiquitäten), lassen Sie sich zuerst fachlich beraten, bevor Irreparables geschieht.

Was Sie brauchen

Fusselfreies Tuch Zum Entfernen von Fettspuren.

Altes Handtuch (Frotteestoff) Mit Seifenwasser zum Schmutzentfernen.

Testbenzin (Lösungsbenzin) Eine kleine Flasche zum Ablösen des alten Finishs.

Brennspiritus (denaturierter Alkohol) Siehe unter Testbenzin oben.

Stahlwolle Feine Sorten, 00 und 0000.

Abbeizmittel Zum Ablösen alter Anstriche und Lacke. Ihr Arbeitsraum muß gut durchlüftet sein. Tragen Sie zum Schutz vor Ätzungen Haushaltsgummihandschuhe.

Künstlerpalette Zum Mischen von Pigmentpulvern.

Kleine Mischgefäße Drei oder vier alte Glasbehälter (Marmeladengläser).

Schellackknopfpolitur

Künstlerpigmentpulver Kleine Mengen Umbra gebrannt und Umbra natur.

Standardmalerpinsel Zwei 5 cm breite Pinsel sind am besten.

Watte (Tupfer) Als Polierpölsterchen.

Getöntes Möbelwachs Kaufen Sie Hartwachs (kein Weichwachs oder Spray).

1 Begutachten Sie zunächst den Zustand Ihres Stuhls (Vorsicht bei wertvollen Antiquitäten – siehe Einführung gegenüber). Ist das alte Finish angeschmutzt, aber grundsätzlich in Ordnung, wird der Stuhl – bevor Sie mit Schritt 3 fortfahren – mit handwarmer Seifenlauge und dem fusselfreien Lappen abgewaschen. Mit klarem Wasser nachspülen und mit dem alten Handtuch (Frotteestoff) gründlich trocknen. Fettspuren können mit einem mit Testbenzin befeuchteten Lappen entfernt werden. Blättert die Lack- oder Schellackpolitur jedoch, bedarf es einer sehr gründlichen Behandlung. Waschen, spülen und trocknen Sie den Stuhl wie oben, und fahren Sie dann mit Schritt 2 fort.

2 Hier blättert die alte Schellackpolitur stellenweise ab. Reiben Sie diese im Maserungsverlauf mit Stahlwolle (00) und Brennspiritus ab. Arbeiten Sie jeweils an einem bestimmten Abschnitt und entfernen Sie die verflüssigte Politur mit dem fusselfreien Lappen. Ist der Stuhl lackiert, wird mit Gummihandschuhen ein handelsübliches Abbeizmittel verwendet. Dann den Stuhl leicht mit einem in Testbenzin getauchten Lappen abreiben.

3 Herstellen der Lasur mit Hilfe der Künstlerpalette und eines kleinen Mischgefäßes: 70% Schellackknopfpolitur, 20% Umbra gebrannt und 10% Umbra natur Pigmentpulver. Durch variierende Mengen von Umbra gebrannt läßt sich die Lasur nachdunkeln bzw. aufhellen. Jeweils nur einen Bereich des Stuhls bearbeiten. Rasch vorgehen, aber nichts überstreichen, da sich sonst Pinselstrichspuren im Finish zeigen. Mindestens 4 Stunden trocknen lassen.

4 Stellen Sie ein Polierpölsterchen her: Gießen Sie etwas Schellackknopfpolitur auf eine halbe Handvoll Watte und umwickeln Sie diese mit etwas fusselfreiem Tuch, so daß sich ein faltenfreies Pölsterchen ergibt. Sobald die Flüssigkeit durch das Tuch gedrungen ist, damit einen Teil des Stuhls in achterförmigen Bewegungen einreiben, wobei das Pölsterchen in ständigem Kontakt mit der Oberfläche bleibt.

5 Schritt 4 an allen übrigen Teilen des Stuhls ausführen und die Politur mindestens 4 Stunden trocknen lassen. Natürlich können Sie weitere Schichten Schellackpolitur auftragen; je mehr davon, desto tiefer der Glanz. Nach Trocknung der letzten Schicht mit einem Stück Stahlwolle (0000) über getöntes Möbelwachs und dann im Maserungsverlauf über die Stuhloberfläche wischen. 1 Stunde einwirken lassen und anschließend mit einem weichen, fusselfreien Tuch nachpolieren.

Links und oben: *Hier werden die für Landhäuser typischen Farben und Strukturen von Metall und Keramik demonstriert: links die Kupferwanne im Badezimmer eines französischen Landsitzes und oben das vor Ort hergestellte Terrakottagefäß mit marokkanischer Laterne in einem Haus in Gran Canaria/Spanien.*

Metalle & Keramiken

Schon immer haben in Landhäusern Keramik- und Metallwaren sowohl praktisch wie auch ästhetisch eine bedeutsame Rolle gespielt. Unterschiedliche Vorratsbehälter aus Steingut und Ton, gestanzte Zinnblechschränkchen, schmiedeeiserne Kamingitter, Kupfergeschirr sowie Kerzenhalter aus Messing und Bronze sind nicht nur nützlich, sondern auch äußerst dekorativ. Ihr Zauber liegt in den ihnen eigenen Farben und Materialstrukturen sowie der im Lauf der Zeit durch Abnutzung und äußere Einflüsse (Licht, Luft, Wärme und Feuchtigkeit) entstandenen Patina.

In den traditionellen Landwohnungen Europas und Nordamerikas fanden sich zahlreiche Gegenstände aus meist unedlen Metallen wie Eisen, Zinn, Kupfer und Messing, die von praktischem Wert und gleichermaßen von ästhetischem Reiz waren. Kupfer-, Messing- und Hartzinnwaren stehen dabei an erster Stelle. Und Töpfe, Teller, Schüsseln, Krüge, Becher, Schöpflöffel sind nur eine kleine Auswahl aus dem Repertoire der Küchenutensilien. Sie standen in offenen Regalen, hingen an Haken von der Wand oder von der Decke, waren also leicht erreichbar und in ihrer Anordnung für das Auge wohltuend. Sie machten die Küche zu einem schönen Ort, an dem man gerne arbeitete und aß. Zudem waren sie Ausdruck von Wohlhabenheit.

Das sehr gebräuchliche Zinn konnte als Blattzinn leicht in dekorative Formen gebracht werden. So entstanden aus diesem sowohl preiswerten wie auch vielseitigen Legierungsmaterial Kerzenhalter, Siebe, Käseraspeln, Gebäck-, Ausstech- und Kuchenbackformen. Die dünnen Folien waren auch gut zum Stanzen geeignet: ein Handwerk, bei dem mit einem Splintentreiber eine Reihe dekorativer Muster eingestanzt wurden (S. 156–157). Typische Motive waren Sterne, Herzen, Blumen und Blätter, die oft auf in Holzschränken (zur Aufbewahrung von Fleisch oder Kuchen) eingelassenen, verzinnten Platten zu finden waren. Diese Vorläufer des elektrischen Kühlschranks waren kühle, belüftete und insektensichere Vorrats-

Dieser französische Milchkrug *(spätes 19. Jh.) wurde für wenige Francs auf einem Dorfmarkt in der Lot-et-Garonne-Gegend erworben. Die glänzend weiße, glasartige Emailschicht war sehr angeschlagen, so daß ihr neuer Besitzer sie mit immer feinerer Stahlwolle abschmirgelte, bis die harten Kanten geglättet waren und eine kreideartig-zarte Patina entstand.*

Antiker, gestanzter Kerzenhalter *(Schweden). Das Zinn alterte auf natürliche Weise (schwarze Schicht). Es können jedoch moderne Kopien alter Kerzenhalter gekauft und mit kalter Patinierflüssigkeit gealtert werden.*

Kupfergefäße *auf einem rustikal maserierten Schränkchen (um 1790) in einem Landhaus in Schweden (spätes 18. Jh.). Sammler sind sehr angetan von dem typisch kupferfarbenen Rot des polierten Metalls.*

Die gestanzten Zinnblechpaneele *der Türen dieses Küchenschranks (frühes 19. Jh., Pennsylvania) dienten dem Zweck, Insekten fern- und den Inhalt kühl und luftig zu halten.*

Paneel aus feinem Gitterdraht *an den Türen dieses Vorratsschranks aus Kiefer in einem Holzhaus in New England/USA. Dies sorgt für optimale Luftzirkulation und gute Lagerung verderblicher Waren.*

schränke für verderbliche Waren.

Eisen war ebenfalls durch viele Gegenstände vertreten, die sich – abgesehen von Türangeln, Schlössern, Lampen und ab dem späten 19. Jahrhundert Betten – meist in der Küche fanden. Bis Ende des 19. Jahrhunderts wurden auf offenen Feuerstellen Mahlzeiten etc. gekocht. Große eiserne Kessel, Töpfe, Wasserkessel und Pfannen hingen an schmiedeeisernen Armen und Haken oder standen, durch Dreifüße aus Eisen gestützt, über dem Feuer. Die brennenden Holzbalken lagen auf Feuerböcken. Auch der Nachfolger der offenen Feuerstelle – der geschlossene Herd – bestand aus Eisen.

Der optische Zauber dieser Metallgegenstände ging vornehmlich von ihrer Patina aus, die sich durch äußere Einflüsse, jahrelangen Gebrauch und ständiges Polieren allmählich aufbaut. Sie kann hochglänzend sein (z.B. auf poliertem Kupfer und Messing) bis hin zu stumpf angelaufen (z.B. auf Zinn) und direktem Belag. Auf Kupfer und Messing zeigt sich dies in Form eines grünweißen, bröckeligen Belags – dem Grünspan – und auf Eisen als rotbrauner Rost.

Von Rost abgesehen, ist Patina immer etwas ästhetisch Reizvolles und von antikem Wert. Deshalb haben Hersteller Flüssigkeiten entwickelt, mit denen auf neuen Stücken alte Patina erzeugt werden kann. Diese sogenannte Kaltpatinierung beziehungsweise Antikisierung mittels Flüssigkeiten wirkt auf Metallen fast sofort. Da sie giftig und ätzend

sind, ist unbedingt die Gebrauchsanweisung zu befolgen (S. 158–159). Sie dürfen auch nie für Gegenstände verwendet werden, in denen Flüssigkeiten oder Nahrungsmittel zubereitet oder aufbewahrt werden. Vermeiden Sie diese Flüssigkeiten aber an Antiquitäten, da sie Schaden anrichten können.

Antike Metallwaren säubern und polieren Sie am besten entsprechend der Gebrauchsanleitung mit handelsüblichen Pasten und Reinigungstuch. Danach können Messing, Kupfer, Zinn und Eisen eine feine, weiße Wachspolitur erhalten und mit einem weichen Tuch glänzend poliert werden. Ausnahme ist Hartzinn, das abgestaubt und dann mit einem trockenen Polierleder leicht poliert wird.

In ländlichen Haushalten waren aber auch zahlreiche unbehandelte oder handbemalte, unglasierte oder glasierte Tonwaren und Steingut in Gebrauch. Viele davon waren von Töpfern aus lokalem Ton hergestellt, die Mehrzahl stammte jedoch aus industrieller Fertigung. Internationale Handelsbeziehungen stellten die Versorgung der Küsten und küstennahen Bereiche sicher, aber auch der landeinwärts gelegenen Gemeinden. So tauchte in norwegischen Landhäusern blaues und weißes Chinaporzellan auf, und Keramiken aus Quimper in der Bretagne/Frankreich fanden ihren Weg ins schottische Tiefland.

Links: *Vorratsbehälter aus Terrakotta mit Kieferndeckel. Das Design solcher Töpfe hat sich in den letzten 300 Jahren kaum verändert.*

Die kalkig-weißen Rückstände *auf diesen Tongefäßen aus der Toskana/Italien sind typisch für verwitterte, unglasierte Tonware. Sie bilden sich aufgrund von Witterungseinflüssen, meist Feuchtigkeit, und lagern vor allem in Vertiefungen und Reliefeinschnitten.*

Ein großes Terrakottagefäß, *ebenfalls aus der Toskana/Italien. Terrakotta (»gebrannt Erde«) umschreibt eigentlich die gebrannte, lokale Tonerde der Toskana. Heute wird diese Bezeichnung jedoch weltweit auf praktisch alle Arten unglasierter, gebrannter, rötlich-brauner Tonwaren angewendet.*

Versuchen Sie niemals, Keramik oder Töpferware zu antikisieren, da dies fast immer mißlingt und den Wert der Ware herabmindert. Pflegen Sie Tonwaren mit Zinnglasur (z.B. Majolika, Fayence und Delfter Ware), Keramik mit Bleiglasur (z.B. cremefarbene Keramik, Majolika und Pratt-Keramik) und Tonwaren mit Salzglasur durch regelmäßiges Abstauben mit einem weichen Pinsel. Ab und zu mit einem feuchten, weichen Tuch abreiben, aber niemals in Wasser einweichen: Die poröse Glasur kann reißen und abplatzen. Bei starker Verschmutzung sollte das Reinigungswasser etwas milde Flüssigseife erhalten. Die Keramik ist dann zwei- bis dreimal mit einem sauberen, feuchten Tuch nachzuwischen.

Bei unglasierter, antiker Töpferware, wie Terrakotta, beschränkt sich die Pflege auf regelmäßiges Abstauben. Die Verwendung seifenhaltigen Wassers verursacht hier Fleckenbildung. Bei starker Verschmutzung die Tonoberfläche nur mit einem leicht mit sauberem Wasser angefeuchteten Tuch abwischen. Einzige Ausnahme zum oben genannten künstlichen Antikisieren und Säubern von Keramik ist neue Terrakotta, die anhand der auf S. 160–161 beschriebenen Methode mattiert und mit einer pudrig wirkenden Oberfläche versehen werden kann.

Schränkchen mit gestanztem Blech

Im 18. und 19. Jahrhundert war es besonders in ländlichen Gegenden allgemein üblich, verderbliche Lebensmittel in belüfteten Schränken aufzubewahren, die meist aus einem gestrichenen Holzrahmen mit Paneelen aus Zinnblech (verzinntes Eisenblech, Weißblech) bestanden. Die in verschiedenen Mustern gestanzten Perforationen dienten nicht nur der Luftzirkulation; sie hielten auch Insekten und direktes Sonnenlicht ab. Selbst nach Aufkommen der Kühlschränke blieb diese Art Schrank noch eine Weile populär.

Was Sie brauchen

Metallineal Zum Ausmessen der Paneele.

HB-Bleistift Für das Pauspapier.

Zinnblech In Eisenwarenläden. Das Blech selbst zuschneiden oder zuschneiden lassen.

Blechschere Schwere Metallschere zum Schneiden des Zinnblechs.

Pauspapier Zum Kopieren von Mustern/Motiven.

Stechzirkel Zur Herstellung runder Motive.

Graphitstift Für das Pauspapier.

Abdeckband Zum Befestigen des Pauspapiers.

Plastikbrille Augenschutz beim Befestigen der Paneele mit Hammer und Nägeln.

Lederhandschuhe Wahlweise. Zu empfehlen beim Schneiden von Blech.

Splintentreiber Zum Perforieren des Zinnblechs.

Hammer Klauenhammer oder Schlosserhammer (mit Kugelfinne)

Stahlwolle Mittelfein (0)

Verzinkte Nägel Kurze, dünne – zum Befestigen des Zinnblechs am Holzrahmen.

Kaltpatinierflüssigkeit Speziell für Eisen und Stahl, wenn Sie das Zinnblech antikisieren möchten (wahlweise).

Fusselfreier Lappen Zum Auftragen der Patinierflüssigkeit.

Jadeöl Zum Fixieren der Patina.

1 Besorgen Sie sich ein Holzschränkchen mit verglasten oder verhangenen Türen und Paneelen. Das Glas bzw. die Vorhänge entfernen. Sie können das Schränkchen auch anstreichen. Hier war der Kiefernrahmen bereits abgebeizt; er wurde zunächst grundiert und dann gestrichen. Anschließend wurden zwei Schichten traditioneller rostroter Kaseinfarbe aufgetragen. (Details über Kaseinfarbe S. 62–65 und S. 164–169).

2 Messen Sie alle Paneele des Schränkchens genau aus und übertragen Sie die Maße mit Bleistift und Lineal auf das Zinnblech. Alle Seiten um etwa 2 cm verlängern. Dann mit der Blechschere die Paneele zuschneiden. Verwenden Sie für einen akuraten Schnitt nur die letzten zwei Drittel der Scherenklingen, und richten Sie diese nach jedem Schnitt wieder exakt an der Bleistiftlinie aus.

3 Zeichnen Sie mit dem HB-Pinsel die Konturen des gewünschten Motivs auf das Pauspapier. Geometrische Muster eignen sich am besten. Hier handelt es sich um eine einfache Blume. Zunächst wurde mit dem Stechzirkel ein Kreis gezogen, dann folgte das Einzeichnen der Blütenblätter frei Hand. Die Größe des Motivs muß im richtigen Verhältnis zur Paneelgröße stehen. Korrigieren Sie also das Motiv vor dem Übertragen auf das Zinnblech.

4 Sind Sie mit der Zeichnung zufrieden, die Konturen klar und exakt, dann das Pauspapier umdrehen und mit der Bleistiftseite nach unten auf das Zinnblech legen. Mit dem Graphitstift über die Motivrückseite reiben. Diagonal arbeiten und eine ziemlich dicke Graphitschicht über dem gesamten Motiv aufbauen. Wenn Sie nicht genügend Graphit auftragen, wird bei Schritt 5 die Motivkontur nicht vollständig auf das Zinnblech übertragen.

5 Drehen Sie jetzt die Graphitseite nach unten und befestigen Sie das Pauspapier mit Abdeckband auf dem Paneel. Die Mitte der Zeichnung muß direkt über der Paneelmitte liegen. (Die Paneelmitte ergibt sich durch den Schnittpunkt zweier diagonal von den Paneelecken gezogenen Linien.) Zeichnen Sie jetzt unter starkem Druck mit dem HB-Bleistift die Kontur des Motivs nach. Nach Entfernen des Papiers zeigt sich das Motiv auf dem Zinnblech.

6 Das Zinnblech auf eine harte Fläche legen. Die Spitze des Splintentreibers an der Motivkontur anlegen und fest mit dem Hammer auf den Treiberkopf schlagen. In kurzen Abständen auf der gesamten Kontur wiederholen. Hat das Schränkchen nur dekorativen Zweck, genügen Einkerbungen statt Perforationen; entscheiden Sie sich konsequent für das eine oder andere. Die Paneele mit den galvanisierten Nägeln befestigen. Zur Antikisierung von Zinnblech siehe S. 158–159.

Patinierte Metalle

Durch täglichen Gebrauch und ständige äußere Einflüsse werden Gegenstände aus Bronze, Messing und Kupfer stumpf und korrodieren. Chemische Reaktionen in Form von Oberflächenoxidation führen zum Aufbau einer ästhetisch reizvollen Patina, die zugleich Ausdruck der Alterung ist. Zum Glück ist es sehr einfach, mit Kaltpatinierflüssigkeiten diesen langen, natürlichen Prozeß auf Minuten zu verkürzen. Informieren Sie sich jedoch zuerst über die notwendigen Sicherheitsvorkehrungen (gegenüber).

Was Sie brauchen

Plastikbrille Zum Schutz der Augen.

Gesichtsschutzmaske Damit das Einatmen giftiger Dämpfe aus der Patinierflüssigkeit so gering wie möglich ist.

Haushaltsgummihandschuhe Kaufen Sie sich chemikalienresistente Handschuhe.

Plastikfolien Zum Schutz der Arbeitsfläche.

Stumpfes Messer Zum Abkratzen von Wachs.

Salz und Essig Ein Eßlöffel Salz und eine kleine Flasche Essig.

Stahlwolle Feine Sorte (000).

Altes Handtuch (Frotteestoff) Zum Trocknen der Metalle vor dem Patinieren.

Fusselfreies Tuch Zum Auftragen von Flüssigkeit und Öl.

Testbenzin Kleine Flasche.

Lacklösungsmittel Kleine Flasche; nur, wenn vor dem Patinieren Lack von neuem Messing zu entfernen ist.

Kaltpatiniermittel Kleine Flasche; speziell für Messing/Kupfer.

Altes Marmeladenglas Zum Abgießen der Patinierflüssigkeit.

Jadeöl Kleine Flasche; als Fixiermittel bei der Patinierung.

Pinsel Entweder 2,5 cm breiter Standardmalerpinsel oder 1,75 cm breiter Künstlerpinsel zum Auftragen der Patinierflüssigkeit.

Kaltpatinierflüssigkeiten gibt es in verschiedenen Zusammensetzungen in Künstlerbedarfs- und einigen Handwerksläden. Das gebräuchlichste Mittel dient der Behandlung von Messing, Bronze und Kupfer (hier an Bronzekerzenhaltern und Kupferschalen demonstriert). Es gibt auch in gleicher Weise anzuwendende Patinierflüssigkeit für Eisen, Stahl und Zinn (siehe Zinnblechpaneele auf S. 156).

Vor einer Verwendung von Kaltpatinierflüssigkeiten müssen Sie unbedingt beachten, daß diese giftig und ätzend sind (die meisten enthalten Salpetersäure). Das heißt, sie können bei Kontakt mit den Augen und der Haut Irritationen hervorrufen, sind eingeatmet schädlich und führen bei Verschlucken zu Vergiftungen. Deswegen sollten Sie unbedingt in einem gut durchlüfteten Raum arbeiten, eine Plastikbrille, Gesichtsschutzmaske und gegen Chemikalien resistente Gummihandschuhe tragen – vor allem aber Kinder und Tiere außer Reichweite halten.

Patinieren von Bronze

1 Kratzen Sie mit dem stumpfen Messer alte Wachsreste von den Kerzenhaltern. Diese dann (auch zur Schmutzentfernung) in sehr heißem Wasser einweichen und mit Stahlwolle (00) leicht abreiben. In klarem Wasser nachspülen und mit dem alten Handtuch abtrocknen. Fettrückstände mit dem in Testbenzin getauchten, fusselfreien Tuch abwischen. Lack auf neuem Messing mit einem in Lacklösungsmittel getauchten Lappen entfernen.

2 Tragen Sie die Patinierflüssigkeit auf. Aufgrund chemischer Reaktionen wird Bronze dunkelbraun und Messing grünlich schwarzbraun. Je mehr Flüssigkeit Sie auftragen und je länger Sie diese einwirken lassen, desto dunkler die Farbe. Nach 24 Stunden entsteht auf Bronze und Messing eine blaugrüne Färbung. Zur Fixierung des Finishs den Gegenstand unter kaltem Wasser spülen, mit dem Handtuch abtrocknen und Jadeöl auftragen. Trocknen lassen.

Patinieren von Kupfer

Der Patiniervorgang *auf Kupferschale und -teller (oben) und Bronzekerzenhalter (gegenüber) wurde nach 4 Stunden mit Jadeöl fixiert. Eine dunklere Patina, mit einem grünspanartigen, blaugrünen Stich, ergibt sich bei Fixierung nach 24 Stunden.*

1 Zur Vorbereitung der Kupferschalen allen Schmutz und das gesamte Fett entfernen. Stellen Sie eine Reinigungslösung her: 1 Eßlöffel Salz, 1 Eßlöffel Essig, 0,25 Liter heißes Wasser. Reiben Sie diese mit feiner Stahlwolle (000) leicht in die Kupferoberfläche ein. Dann die Schalen in warmem Seifenwasser mit dem fusselfreien Tuch waschen. Zum Schluß in kaltem Wasser nachspülen und mit dem alten Handtuch abtrocknen.

2 Die Patinierflüssigkeit mit einem fusselfreien Tuch auftragen. Das Kupfer erhält innerhalb weniger Minuten ein fleckiges, stumpf schwarzbraunes Aussehen; manche Stellen werden nach 24 Stunden eine blaugrüne Färbung aufweisen. Meist reicht die Flüssigkeitsmenge, es sei denn, Sie wollen die Patina einheitlich. Möchten Sie etwas weniger Patina, reiben Sie diese mit feiner Stahlwolle (000) sanft ab. Fixierung wie in Schritt 2 (oben).

Verwitterte Terrakotta

Terrakotta – gebranntes, rotbraunes Gemisch aus Sand und Tonerde – ist traditionsgemäß unglasiert und auf dem Land eine der gebräuchlichsten Tonwarenarten. Sie wird für Vorratsgefäße, Skulpturen, dekoratives Baumaterial verwendet und zeigt im Lauf der Jahre in zauberhafter Weise Spuren der Verwitterung. Ungleichmäßiges Nachdunkeln der Farbe, die Entstehung einer gebrochen weißen, pudrigen Oberflächenkruste – all dies kann unter Verwendung von Farben und Pulvern anhand der folgenden Technik nachgeahmt werden.

Was Sie brauchen

Mattweiße Dispersionsfarbe (Latex) Hauptbestandteil der »Verwitterungs«lasur. Knapp ein halbes Marmeladenglas voll genügt.

Universalabtönpasten Kleine Flaschen von Umbra natur und Schwarz.

Acryldispersionslasur (Latex) Versuchen Sie, langsam trocknende aufzutreiben, da Sie dadurch Zeit zum Aufstreuen des Pulvers (siehe unten) gewinnen. Auch für ein großes Gefäß reicht eine sehr kleine Menge.

Kleine Spitzkelle Zum Mischen der Lasur und des Trockenpulvers.

Künstlerpalette Die ideale Fläche zum Mischen kleiner Lasurmengen und zum Vermengen der Pulver. Sie können jedoch auch kleine Mischgefäße dafür verwenden.

Standardmalerpinsel Sie benötigen einen 7,5–15 cm breiten Pinsel, je nach Größe des zu lasierenden Gefäßes.

Eßlöffel Zum Aufstreuen des Pulvers.

Schlämmkreide (pulverisierter Kalk/Kalkstein) Weißes, kreidiges Pulver; kaufen Sie den kleinsten Beutel.

Tripelerde Leicht graues Pulver; der kleinste Beutel ist ausreichend.

Fusselfreies Tuch Zum Einreiben des Pulvers und Entfernen von Überschüssen.

1 Sie können sowohl glasierte wie unglasierte Terrakottatöpfe und -vasen kaufen. Hier eignet sich jedoch Unglasiertes besser, da die in Schritt 3 aufzutragende Lasur besser haften wird. Wenn Sie einen bereits gebrauchten Topf »verwittern« möchten, waschen Sie ihn gründlich mit Wasser und tragen Sie vor dem Trocknen eine milde fungizide Lösung auf. Das Antipilzmittel verhindert künftiges Pilzwachstum; Pilze könnten später die Lasur abheben.

2 Auch für einen größeren Topf benötigen Sie nur eine kleine Menge Lasur; 0,125 Liter genügt. Die Mischung: 75% mattweiße Dispersionsfarbe (Latex), 15% Umbra natur Universalabtönpaste, 5% schwarze Universalabtönpaste und 5% Acryldispersionslasur (Latex). Diese Mischung kann in einem kleinen Gefäß oder auf der Künstlerpalette hergestellt werden. Ideal sind Wegwerfpaletten aus wasserfestem Papier.

3 Verteilen Sie die Lasur mit einem mittelgroßen oder großen Malerpinsel auf der Topfoberfläche. Neue Terrakotta ist sehr absorbierend, so daß Sie höchstwahrscheinlich zwei oder drei Lasurschichten auftragen müssen. Jede dieser Schichten muß vor dem Aufbringen der nächsten noch klebrig sein. Arbeiten Sie bei der letzten Schicht möglichst schnell, damit Sie die Schritte 4 & 5 beginnen können, solange die Lasur noch klebrig ist.

4 Vermengen Sie je 1 Eßlöffel Schlämmkreide und Tripelerde entweder in einem kleinen Mischgefäß oder auf der Künstlerpalette. Das Gemisch wird etwas gebrochen weiß sein und dem natürlichen Belag ähneln, der sich als Folge von Feuchtigkeits- und Wärmeeinwirkung bildet. (Sie können die Pulver schon vor Schritt 3 mischen, damit das Ganze in jedem Fall vor dem Trocknen der »Verwitterungs«lasur bereitsteht.)

5 Streuen Sie mit dem Eßlöffel die Pulvermischung auf die noch klebrige Topfoberfläche. Drehen Sie dabei den Topf, auch seitlich, damit sich genügend Pulver aufbaut. Am überzeugendsten wirken dickere Ablagerungen in den Vertiefungen um den Topfrand und auf den oberen Teilen der seitlichen Verzierungen. Diese Stellen entsprechen denen mit den dickeren Belägen beim natürlichen Verwitterungsvorgang.

6 Die Lasur 2 Stunden trocknen lassen. Dann mit einem fusselfreien Tuch oder Standardmalerpinsel (oder mit beidem) alle Pulverüberschüsse entfernen. Nicht zuviel Druck anwenden und etwas loses Pulver in den Vertiefungen der Verzierungen belassen; damit entsteht der Eindruck eines natürlichen Finishs. Notfalls mehr Pulver auftragen. Es wird zwar nicht sehr lange haften, da die Lasur trocken ist, aber das Kreidige von Terrakotta gut imitieren.

Links und oben: *Zur Herstellung der in diesem Buch gezeigten dekorativen Finishs und Effekte sind nur wenige Spezialwerkzeuge nötig. Der Dachshaarvertreiber (links) zum Maserieren mit Essig und der Schlagpinsel (oben) zur Eichenmaserierung sind zwei Beispiele.*

Grundlagen

In diesem Abschnitt werden die zur Herstellung der im Buch dargestellten dekorativen Finishs und Effekte benötigten Werkzeuge und Materialien aufgelistet und erläutert. Auch die Vorbereitung unterschiedlicher Oberflächen wird besprochen, das Abtönen und Mischen von Anstrichen und Lasuren sowie die korrekte Pinselreinigung. Ganz wichtig sind auch die Hinweise auf die Sicherheitsvorkehrungen. Einige der genannten Materialien sind, unsachgemäß gehandhabt, potentiell gefährlich. Befolgen Sie also im Interesse Ihrer Sicherheit und Gesundheit die von uns gegebenen Ratschläge sowie die Gebrauchsanweisungen der Hersteller.

Werkzeuge und Zubehör

Abdeckband
Zum Abkleben der umgebenden Flächen beim Streichen und Lasieren; auch zum Befestigen von Schablonen während des Arbeitens. Schwächer klebende Sorten ziehen keine Untergrundfarben auf.

Abdecktücher
Aus Baumwolle oder Plastik (auch Zeitungspapier) zum Abdecken von Gegenständen, Arbeitsflächen, Böden etc. beim Vorbereiten zu behandelnder Oberflächen und dem Auftragen von Anstrichen und Lasuren.

Alte Handtücher (Frotteestoff)
Saubere, saugende alte Handtücher sind äußerst hilfreich zum Trocknen von Oberflächen vor dem Anstreichen.

Blechschere
Schwere Schere aus dem Baumarkt zum Zuschneiden von gestanztem Zinnblech.

Bleistifte
HB-Bleistifte eignen sich am besten zum Zeichnen und Durchpausen von Motiv- oder Musterkonturen. Zeichnen Sie damit auch exakte horizontale und vertikale Linien mit Hilfe einer Wasserwaage, bevor Sie Bordüren schablonieren.

Bodenschleifmaschine
Leihen oder mieten Sie eine Bodenschleifmaschine zur Vorbereitung alter Holzböden für das Kalken. Die Maschinen sind für verschiedenkörniges Schleifpapier geeignet (Blattform, zum jeweils einmaligen Gebrauch).

Fusselfreie Lappen
Diese hinterlassen keine feinen Faserteilchen auf Borsten oder nasser Lasur.

Gesichtsschutzmaske
Siehe Sicherheitsmaßnahmen (S. 169).

Graphitstift
Dicker, weicher Bleistift aus Künstlerbedarfsläden. Mit ihm wird bei der Übertragung von Motiven oder Mustern auf Schablonierkarton über die Rückseite des Pauspapiers gerieben.

Hammer
Verwenden Sie einen Schlosserhammer (mit Kugelfinne) oder einen kleinen Klauenhammer zum Einschlagen verzinkter Nägel zur Befestigung der gestanzten Zinnblechpaneele am Möbelrahmen.

Heißluftfarbentferner
Verwenden Sie zur künstlichen Abnutzung gestrichener Oberflächen einen elektrischen Farbentferner. Auf keinen Fall eine gasbetriebene Lötlampe benützen, da diese schwer zu kontrollieren ist und die Flamme das darunterliegende Holz ansengen kann.

Kammzuggeräte
Die beim Maserieren zur Imitation einer Holzzeichnung durch nasse Lasuren gezogenen Kämme gibt es in diversen Größen aus geöltem Karton, Gummi, Plastik oder Stahl.

Karborundpapier (Trocken-und-Naßschliff-Papier)
Erhältlich sind etliche Körnungen. Verwenden Sie gröbere Sorten trocken oder naß (Wasser) zum Aufrauhen gestrichener Oberflächen vor dem Neuanstrich bzw. der Lasur und feinere Sorten zum Oberflächenglätten.

Künstlermesser
Ein Messer mit austauschbaren Klingen, das beim Ausschneiden von Schablonen alternativ zum Künstlerskalpell verwendet werden kann.

Künstlerpalette
Palette aus lackiertem Holz oder Einwegpalette aus Schichten von wasserfestem Papier. Ideal zum Mischen kleiner Mengen Pigmentpulver und Künstlerölfarben.

Künstlerpinsel
Pinsel mit feinen Borsten- oder Haarspitzen in diversen Größen und Qualitäten. Marderhaarpinsel eignen sich am besten für Freihandarbeiten, z.B. Volksmalerei.

Künstlerskalpell
Zum Ausschneiden von Motiven/Mustern aus Schablonenkarton.

Lackierpinsel
Benützen Sie zum Lackieren hochwertige Standardmalerpinsel. Allerdings ergeben zartborstige Lackierpinsel (Firnispinsel) ein glatteres, pinselstrichfreies Finish.

Löffel
Holz- oder Metalllöffel zum Mischen großer Farb- und Lasurmengen, aber auch zum mengenmäßigen Abmessen von Pigmentpulvern, Binde- und Lösungsmitteln.

Makulaturpapier
Bekleben Sie unebene Putzwände vor dem Anstreichen mit Schichten dicken Makulaturpapiers. Zum Skizzieren von Musterentwürfen genügt braunes Packpapier.

Maserierpinsel
Spezialpinsel, die durch nasse Lasuren gezogen werden und Holzmaserungen imitieren. In Künstlerbedarfsläden; mit Borsten aus Schweine- oder Eichhörnchenhaar.

Mischgefäße
Ein Plastikeimer mit 10 Liter Fassungsvermögen ist zum Einweichen von Tierleim über Nacht nötig, aber auch zum Mischen bzw. Umfüllen großer Mengen von Grundier- und Basisanstrichen. Ebenfalls wichtig sind 5 oder 6 Plastik- bzw. Metallkübel mit je 1– 2 Litern Fassungsvermögen zum Mischen der Farben und Lasuren. Alte Marmeladengläser oder Untertassen eignen sich gut zum Mischen kleiner Farbmengen.

Palettenmesser
Besorgen Sie sich zwei oder drei Palettenmesser aus einem Künstlerbedarfsladen zum Mischen von Pulverpigmenten und kleinen Lasurmengen auf der Palette.

Pauspapier
Verwenden Sie halbtransparentes Pauspapier, um die Konturen von Motiven und Mustern von Vorlagen auf den Schablonenkarton zu übertragen.

Plastikschutzbrille
Siehe Sicherheitsmaßnahmen (S. 169).

Radiergummi
Zum Entfernen von Bleistiftstrichen und -konturen nach Fertigstellung z.B. der Bordürenschablonenmuster und gestanzten Zinnblechpaneele.

Rasierklingen
Benützen Sie die Bügelklingen zum künstlichen Abnützen von Möbelanstrichen.

Schablonierpinsel
Runde, kurzborstige Pinsel, erhältlich im Handwerksfachhandel. Sie sind speziell zum Schablonieren gedacht, da sie nur wenig Farbe oder Lasur aufnehmen und somit einen kontrollierten Farbaufbau ermöglichen. Sie verhindern, daß Farbe unter den Schablonenkarton läuft.

Schlagpinsel
Diese groben, langborstigen Pinsel gibt es in diversen Größen. Sie dienen zum Klopfen/Schlagen nasser Lasuren bei der Eichenmaserierung.

Schleifpapier
Grobe, mittelfeine und feine Körnungen zum Glätten von Oberflächen vor dem Streichen sowie zum künstlichen Abnützen von Anstrichen und Lasuren bei Antikisierarbeiten.

Schneidbrett
Ein (wie in der Küche verwendetes) Schneidbrett aus Holz oder Plastik zum Schutz der Arbeitsfläche beim Ausschneiden von Schablonen.

Schutzhandschuhe
Siehe Sicherheitsmaßnahmen (S. 169).

Spitzkelle
Diese kleine Kelle ist beim Einmischen von Farbpulvern in Lasuren hilfreich.

Splintentreiber
Damit werden vor dem Kalken Nägel mittels Hammer unter die Oberfläche der Dielenbretter getrieben.

Stahllineal
Bietet eine feste Kante beim Schneiden gerader Linien auf Schablonenkarton.

Stahlspachtel
Zum Entfernen von alten Tapeten und defektem Putz.

Stahlwolle
Erhältlich in Feinheitsgraden von 0000 bis 3. Verwenden Sie die feinste zum Auftragen von Polituren bzw. Mildern des Glanzes von Lasuren und Lacken und die gröbste beim künstlichen Abnützen von Anstrichen.

Standardmalerpinsel
Sind in Haushaltswarenläden in Breiten von 1,25–15 cm erhältlich und dienen meist dem Auftragen von Grundierungen, Basis-, Eierschalen- und Dispersionsfarbenanstrichen (Latex).

Staubpinsel
Auch als Pfostenabstauber bekannt; diese weiche Pinselart gibt es in verschiedenen Größen. Sie dienen dem Abstauben von Oberflächen vor dem Anstreichen, Lasieren und Lackieren.

Stechzirkel
Zum Zeichnen runder Motive für das Schablonieren und Stanzen von Zinnblech.

Vertreiberpinsel aus Dachs- und Schweinehaar
Die in vielen Größen erhältlichen Pinsel dienen dem Glätten und Verwischen von Spuren und Mustern in noch nassen (oder klebrigen) Lasuren, z.B. beim rustikalen Maserieren oder Marmorieren. Dachshaarvertreiber sind zwar teuer, haben jedoch feineres Haar und ergeben ein sehr zartes Finish.

Verzinkte Nägel
Diese rostfreien Nägel dienen der Befestigung gestanzter Zinnblechpaneele an Möbelholzrahmen.

Wasserwaage
Benützen Sie beim Bordürenschablonieren eine große Waage zum Vorzeichnen exakter horizontaler Linien an den Wänden.

Materialien

Acryldispersionslasur (Latex)
Lasur auf Wasserbasis, erhältlich in Künstlerbedarfsläden. Sie besteht aus PVA-Leim und Wasser; ist in der Dose weiß, nach dem Verstreichen klar. Ergibt einen Schutzfilm, der im Lauf der Zeit weder gilbt noch die darunterliegenden Farben nachdunkelt.

Astknotenversiegelung
Mit dieser Flüssigkeit auf Schellackbasis können vor dem Anstrich Astknoten im Holz versiegelt werden. Erhältlich in den Farben Braun und Weiß.

Brennspiritus (denaturierter Alkohol)
Zum Verdünnen und Lösen von Schellack und zum künstlichen Abnutzen nasser und trockener Dispersionsfarben (Latex).

Dispersionsfarben (Latex)
Anstrichfarben auf Wasserbasis, in vielen Farben und Finishs (matt, halbglänzend). In Weiß können sie mit Universalabtönpasten oder Pigmentpulvern abgetönt werden. Meist als Basisanstrich für halbdurchscheinende Lasuren oder wasserverdünnt als Lasuren und Tünchen verwendet.

Eierschalenfarben
Anstrichfarben auf Ölbasis, in vielen Farben; trocknen halbglänzend auf. Meist als deckende Basisanstriche verwendet, auf die halbdurchscheinende Lasuren aufgetragen werden.

Farbenabbeizmittel
Kommerzielle Flüssigkeiten zum Entfernen alter Farben und Lacke auf Holz und Metall. Sie sind äußerst ätzend und sondern unangenehme Dämpfe ab – alle einschlägigen Schutzmaßnahmen beachten! Auf Holz keinen Entferner auf Wasserbasis anwenden, da dieser die Holzfasern aufquellen läßt.

Fullererde
Braungraues, in Künstlerbedarfsläden erhältliches Pulver. Verwenden Sie es nach Anweisung zum Stabilisieren gewisser Lasuren, und wischen Sie es mit einem feuchten, fusselfreien Tuch auf die Basisschicht auf.

Grundierer/Grundanstrich
Kombinierte Grundierer/Grundanstriche können wasser- oder ölvermischbar sein. Versiegeln Sie blankes Holz vor einem Eierschalenfarbenauftrag.

Heller Essig (Essigsäure)
Verwenden Sie gewöhnlichen Haushaltsessig zur Erzeugung lokaler, netzförmig geäderter Effekte.

Jadeöl
Gibt es im Fachhandel, wo Sie auch Kaltpatinierflüssigkeiten erhalten. Jadeöl stoppt die durch die Patinierflüssigkeit hervorgerufene chemische Reaktion auf der Oberfläche von Metallen und Legierungen. Es dient auch als Finishfixierung.

Kaltpatinierflüssigkeiten
In verschiedenen Zusammensetzungen in einigen Künstlerbedarfs- und Handwerkerläden erhältlich. Die einen »altern« bzw. antikisieren rasch Messing, Bronze und Kupfer. Andere geben Eisen und Stahl eine Patina. Sie enthalten Salpetersäure, sind also extrem ätzend und müssen sorgsam gehandhabt werden (siehe Sicherheitsmaßnahmen, S. 169).

Kaseinfarbe (Milch-, Buttermilchfarbe)
Traditionelle Herstellung im 18. und 19. Jahrhundert: Vermischung von Erdpigmenten mit Buttermilch oder entrahmter Milch und Zugabe von etwas Kalk (insektizide und fungizide Wirkung). Trocknet zu einem glatten, matten bis halbglänzenden Finish auf, das im Lauf der Zeit zart wird. Einige Hersteller (siehe Bezugsadressen, S. 170–173) produzieren noch Kaseinfarben in Tönungen, die den Möbel-, Tischler- und Stuckwerkfarben des 18. und 19. Jahrhunderts entsprechen. Sie können auch Kaseinfarbe in Pulverform im Farbenfachhandel kaufen und selbst mischen: Anfärben mit Künstlerpigmentpulvern oder Universalabtönpasten und Verdünnen mit Wasser.

Künstleracrylfarben (Latex)
In vielen Farben in Tuben erhältlich. Sie sind wasserlöslich und können als eigenständige Anstriche oder Lasuren verwendet werden bzw. zum Tönen weißer Dispersionsfarben. Schnelltrocknend, sind sie gut geeignet für rasches Überstreichen von Farben.

Künstlerintensivfarben
Diese hochkonzentrierten Pigmente gibt es in flüssiger Form. Sie sind äußerst hilfreich beim Abtönen großer Mengen weißer Farbe.

Künstlerölfarben
In Tuben; sie bestehen aus Pigment und Leinöl. Können mit transparenter Öllasur und Testbenzin gemischt werden und ergeben Lasuren unterschiedlicher Transparenz. Sind auch zum Tönen weißer Anstrichfarben auf Ölbasis, z.B. Grundanstriche und Eierschalenfarbe, verwendbar.

Lacke
Klare Polyurethanlacke sind ein Oberflächenschutz gegen starke Beanspruchung und Einwirkung von Alkohol, Feuchtigkeit und Hitze. In matt, seidenglänzend und hochglänzend erhältlich. Sie vertiefen die darunterliegenden Farben, haben aber die Tendenz, im Lauf der Jahre zu gilben (Hersteller arbeiten an einer Verbesserung).

Lackentferner
Handelsübliche Flüssigkeiten zur Entfernung von Lack. Sie haben den Farbenabbeizmitteln ähnliche Eigenschaften (siehe S. 165), erfordern also die gleichen Vorsichtsmaßnahmen.

Metallfarben
In Haushaltswaren- und Künstlerbedarfsläden können Sie diese speziell für Metalloberflächen konzipierten Farben kaufen. Sie ersetzen Grundierer oder Grundanstriche und enthalten Inhaltsstoffe, die Rostablagerungen auf Eisen und Stahl neutralisieren.

Metallpulver
Feine Pulver in den Farben Antikgold und Gold, Silber, Bronze, Kupfer und Platin. Ergeben mit Lasuren vermischt Metallfarben.

Möbelwachse
Im Handel gibt es verschiedene Möbelwachsarten; am besten sind jene auf der Basis von Bienenwachs. Klarwachse schützen gestrichene Finishs und verleihen ihnen nach dem Polieren (Lappen) einen weichen, schimmernden Glanz. Auch getönte Wachse verhalten sich so, wobei sie jedoch die zugrundeliegenden Farben nachdunkeln, vertiefen und in gewisser Weise künstlich altern.

Pigmentpulver
Erhältlich in Künstlerbedarfsläden in vielen natürlichen und chemischen Farben; wasserlöslich. Mit Wasser vermischt bilden Sie Lasuren und Tünchen; gut zum Abtönen weißer Dispersionsfarbe.

Putzfüllstoff
Handelsüblicher Cellulosefüllstoff zum Ausgleichen kleiner, schadhafter Stellen im Putz vor dem Anstreichen.

Schablonenkarton
In Handwerker- und Künstlerbedarfsläden in Lagen erhältlich. Durch Ausschneiden von Motiven und Mustern können Sie Ihre eigenen Schablonen herstellen.

Schellackknopfpolitur
Eine Schellackpolitur (Französische Politur), bei der die meisten Unreinheiten entfernt worden sind. Wird mit einem fusselfreien Baumwollstoffpölsterchen als Schutzschicht aufgetragen und ergibt auf gebeizten Möbeln einen tiefschimmernden Glanz.

Schlämmkreide
Feines, weißes Pulver; Künstlerbedarfsläden. Geben Sie damit Lasuren auf Wasserbasis Körper, oder imitieren Sie die weißen Beläge auf Tongefäßen.

Testbenzin (Lösungsbenzin)
Fälschlicherweise auch als Terpentin(öl)-ersatz bekannt. Ein der Lösung von Anstrichfarben, Lasuren und Lacken auf Ölbasis dienendes Mittel. Auch zur Pinselreinigung.

Transparente Öllasur
Weiße oder honigfarbene Flüssigkeit; farblos, wenn mit Testbenzin vermischt und auf einer Oberfläche aufgebracht. Kann mit Künstlerölfarben, Universalabtönpasten oder Farben auf Ölbasis abgetönt und in Verdünnung mit Testbenzin zu einer durchscheinenden Lasur auf Ölbasis verarbeitet werden.

Tripelerde
Feines, graues Kalkpulver, das über eine klebrige Lasur gestreut werden kann, um den Verwitterungsbelag auf Ton, Stein und Keramik zu imitieren. Mit etwas Zitronensaft verbindet es sich zu einer milden Schleifpaste zum Abschmirgeln und Polieren lackierter Oberflächen.

Universalabtönpasten
Vorgemischte, chemische Farbstoffkonzentrate, in Künstlerbedarfsläden und im Farbenfachhandel erhältlich. Dienen dem Anfärben von Lasuren und weißen Anstrichen. In Testbenzin gelöst ergeben sie gröbere Farben als die Künstlerölfarben und müssen stark verdünnt werden.

Vorgeleimte Leinwand
Schwere, für das Malen vorgeleimte (vorversiegelte) Leinwände gibt es in verschiedenen Längen im Fachhandel und in Kaufhäusern.

Oberflächenvorbereitung

Blanker Putz
Vorgehensweise:
- Lose Stellen alten Putzes mit einem Stahlspachtel abkratzen.
- Die Bruchstellen mit grobem oder mittelfeinem Schleifpapier abkanten.
- Mit einem alten Malerpinsel allen Putzstaub abbürsten.
- Löcher und Umgebung mit etwas Wasser befeuchten.
- Die Löcher nach Gebrauchsanleitung mit einem handelsüblichen Putzfüllstoff mittels Stahlspachtel oder Spitzkelle ausfüllen. Der Füllstoff sollte etwas überstehen; gut durchtrocknen lassen.
- Mit mittelfeinem Schleifpapier abschmirgeln.
- Kleine Risse mit feinem Cellulosefüllstoff ausfüllen und trocknen lassen.
- Alle ausgebesserten Stellen und die gesamte Oberfäche mit feinkörnigem Schleifpapier glätten.
- Wird der Putz mit Makulaturpapier beschichtet, dieses erst mit einer reichlich wasserverdünnten Schicht Dispersionslasur (Latex) versiegeln.
- Bei Verwendung von wasserlöslicher Farbe als Basisanstrich des Finishs kann diese sofort auf den Putz (bzw. Makulaturpapier, oben) aufgetragen werden.
- Bei Verwendung von öllöslicher Farbe (z.B. Eierschalenfarbe) als Basisanstrich des Finishs muß die Oberfläche zuerst mit einem ölhaltigen Grundierer versiegelt werden; durchtrocknen lassen. Dann ein Grundiermittel auf Ölbasis auftragen und ebenfalls trocknen lassen.

Blankes Holz
Vorgehensweise:
- Mit feinem Schleifpapier die Oberfläche glattschmirgeln.
- Alle Astknoten mit zwei Schichten weißer Astknotenmischung bestreichen.
- Auf alle Nägel- und Schraubenköpfe zwei Schichten Metallgrundierer auftragen.
- Alle Löcher mit einem handelsüblichen, flexiblen Holzfüllstoff ausfüllen. Trocknen lassen.
- Alles mit mittelfeinem Schleifpapier glattschleifen.
- Die ausgebesserten Stellen mitsamt der übrigen Holzoberfläche fein abschmirgeln.

Beachte: Ist eine sehr glatte Oberfläche erwünscht, eine dünne Schicht Cellulosefüllstoff auftragen und diese mit mittlerem und dann feinem Schleifpapier abschmirgeln (siehe Truhe in Kammzugtechnik, S. 130–131)
- Bei Anwendung eines Basisanstrichs auf Ölbasis (z.B. Eierschalenfarbe) erst eine Schicht ölhaltigen Grundierer auftragen und trocknen lassen. Dann ein oder zwei Schichten Grundiermittel auf Ölbasis folgen lassen.
- Bei Kaseinfarbe einen Grundierer auf Wasserbasis verwenden.

Gestrichener Putz
Bei bereits gestrichenem Putz mit intaktem Anstrich wie folgt vorgehen:
- Ist die Anstrichfläche in Ordnung, wird sie mit Lappen und warmem Seifenwasser (mit etwas Desinfektionsmittel) gründlich abgewaschen. Gegen Pilze fungizide Mittel verwenden.
- Besteht der Anstrich aus Glanzfarbe auf Ölbasis oder Eierschalenfarbe, wird die Fläche mit Trocken-und-Naßschliff-Papier grober oder mittlerer Körnung aufgerauht.
- Benötigt das Finish einen Basisanstrich auf Ölbasis, erfolgt ein solcher in passender Farbe.
- Verlangt das Finish einen Dispersionsbasisanstrich (Latex), dann wird dieser direkt auf das alte Farbfinish aufgebracht. Dabei ist zu beachten, daß in älteren Anstrichen verwendete Pigmente (besonders Rottöne) unstabil sein und durch die direkt auf ihnen aufgetragene Dispersionsfarbe (Latex) »durchbluten« können.

Beachte: Nach dem Säubern und Aufrauhen können auch ein oder zwei Schichten handelsüblicher Aluminiumgrundierer aufgetragen werden.

Bei bereits gestrichenem Putz mit nicht intaktem Anstrich (Abblättern, Abplatzen) wie folgt vorgehen:
- Wie oben abwaschen und dann mit Schleifpapier mittlerer Körnung abschmirgeln.
- Handelsübliche Oberflächenversiegelung auftragen und trocknen lassen.
- Alle Unebenheiten der Oberfläche mit feinem Cellulosefüllstoff ausgleichen und trocknen lassen.
- Alle Ausbesserungen mit Schleifpapier feiner Körnung oder Trocken-und-Naßschliff-Papier glätten.
- Verlangt das Finish einen Basisanstrich auf Ölbasis (Eierschalenfarbe), erfolgt ein solcher in passender Farbe.
- Verlangt das Finish Dispersionsfarbe als Basisanstrich, wird diese direkt aufgetragen.

Beachte: Ist gestrichener Putz in besonders schlechtem Zustand, dann empfiehlt sich, ihn vor Auftrag des Finishs mit Makulaturpapier abzudecken.

Gestrichenes Holz
Zur Vorbereitung von bereits gestrichenem Holz siehe obige Anleitung (Gestrichener Putz). Zur vollständigen Farbentfernung von Hölzern wie folgt verfahren:
- Zur guten Durchlüftung des Raums alle Fenster und Türen öffnen.
- Arbeitsfläche und Umgebung mit Plastikfolien abdecken.
- Gesichtsmaske, Schutzbrille und chemikalienresistente Handschuhe anlegen.
- Mehrere Schichten handelsübliches Farbenabbeizmittel auf Brennspiritusbasis auftragen. Keinen Entferner auf Wasserbasis verwenden, da dieser die Holzfasern aufquellen läßt.
- Sobald die Farbe sich abzuheben beginnt, mit einem Stahlspachtel und Stahlwolle (0) abkratzen. Immer in Faserrichtung arbeiten; mit einer kleinen Stahlbürste Farbe aus den Vertiefungen entfernen.
- Zur Neutralisierung des Entferners wird das Holz mit einem in Testbenzin getauchten Lappen abgerieben.
- Die Oberfläche mit Schleifpapier feiner Körnung glätten.

Makulaturpapier
Vorbereitung von Putzwänden, die mit neuem Makulaturpapier bekleidet sind:
- Bei einem Basisanstrich auf Wasserbasis zuerst eine dünne Tünche aus Dispersionsfarbe (Latex) (halb und halb mit Wasser) zum Versiegeln der Oberfläche auftragen. Trocknen lassen und dann ein oder zwei Schichten Basisanstrich aufstreichen.
- Bei einem Basisanstrich auf Ölbasis (z.B. Eierschalenfarbe) einen ölhaltigen, im

Verhältnis 2:1 mit Testbenzin verdünnten Grundierer auftragen. Dann ein oder zwei Schichten des Basisanstrichs folgen lassen.

Metalle

Wenn Metalle oder Legierungen vor dem Wiederstreichen oder Antikisieren mit Kaltpatinierflüssigkeiten von Farben befreit werden sollen:

- Der Arbeitsbereich muß gut belüftet und die Arbeitsfläche mit Plastikfolien bedeckt sein.
- Gesichtsmaske, Schutzbrille und chemikalienresistente Handschuhe tragen.
- Einige Schichten handelsübliches Farbenabbeizmittel (auf Brennspiritusbasis) auftragen.
- Sobald die Farbe Blasen wirft, mit grober Stahlwolle (3) abreiben. Gegebenenfalls wiederholen.
- Alle Abbeizmittelreste mit einem in Testbenzin getauchten Lappen beseitigen. Falls Kaltpatinierflüssigkeit aufgetragen werden soll, siehe S. 158–159. Eine handelsübliche Metallfarbe (inklusive Rostumwandler und Stabilisierer) kann direkt aufgetragen werden. Soll eine gewöhnliche Deckschicht auf Ölbasis auf blankes, von jeglicher Farbe befreites Metall (wie oben) oder bisher ungestrichenes Metall erfolgen, dann wie folgt verfahren:
- Jeglichen Oberflächenrost mit grober oder mittlerer Stahlwolle (3 bzw. 1) abschmirgeln, mit sauberem Tuch nachreiben.
- Eine Schicht handelsüblichen Metallgrundierer auftragen und trocknen lassen.
- Eine oder zwei Schichten Basisanstrich auf Ölbasis auftragen.

Schellack und Lack auf Holz

Holzflächen mit Schellack oder Lack werden, falls sie in gutem Zustand sind, für einen neuen Anstrich wie oben (Gestrichenes Holz) vorbereitet. Blättert die Oberfläche jedoch ab, wird wie folgt verfahren:

- Den Schellack mittels Brennspiritus und feiner Stahlwolle (00) entfernen. Überreste mit einem fusselfreien Tuch abwischen.
- Abblätternden Celluloselack mit einem handelsüblichen Farbenabbeizmittel beseitigen (siehe Gestrichenes Holz). Auch hier alle Entfernerüberreste mit einem in Testbenzin getauchten Lappen abwischen und neutralisieren.
- Alle übrigen Lackarten mit handelsüblichem Lackentferner entfernen. Auch hier wieder Überreste des Entferners, wie oben, neutralisieren.

Wachs und Öl auf Holz

Gewachstes oder geöltes Holz wird für einen Neuanstrich wie folgt vorbereitet:

- Die Oberfläche in Faserrichtung mit Testbenzin und feiner Stahlwolle sanft abreiben.
- Sobald sich das Wachs oder Öl löst, mit einem in Testbenzin getauchten Lappen die Holzoberfläche säubern.
- Jetzt den Anweisungen für Blankes Holz (siehe S. 167) folgen.

Farb- und Lasurmischungen

Anstrichfarben auf Ölbasis

Eierschalenfarben (Ölbasis) gibt es in den erforderlichen Farben bereits fertig im Handel. Sie können jedoch Ihre eigene herstellen, indem Sie weiße Eierschalenfarbe mit Künstlerölfarbe oder Universalabtönpaste tönen. Mischen Sie die Pigmente langsam ein, bis die gewünschte Farbe erreicht ist.

Lasuren auf Ölbasis

Lasuren sind klare Bindemittel mit fein verteilten Pigmenten, die mit Lösungsmitteln so verdünnt sind, daß sie auf einem deckenden Basisanstrich durchscheinend wirken (lasierender Auftrag). Die getönte, halbdurchscheinende Lasur läßt die darunterliegende Basisfarbe durchschimmern, wodurch zarte Farbkombinationen und Farbabstufungen entstehen.

Eine durchscheinende Lasur auf Ölbasis ist am einfachsten herzustellen, wenn man Eierschalenfarbe mit Pigment (Künstlerölfarben, Universalabtönpaste) anfärbt und dann mit Testbenzin verdünnt. Feinere Lasuren auf Ölbasis entstehen durch eine Mischung von transparenter Öllasur mit Pigmenten und Testbenzin.

Die Rezepturen im Buch enthalten die ungefähren Mengen eines jeden Pigments im Verhältnis zu den Mengen von Bindemittel (transparente Öllasur) und Lösungsmittel (Testbenzin). So besteht z. B. die Sprenkellasur für die Porphyrimitation (S. 114) aus 50% Siena gebrannt Künstlerölfarbe, 30% transparente Öllasur und 20% Testbenzin.

Die Gesamtmenge der erforderlichen Lasur ist nicht ganz einfach zu bestimmen, da Faktoren wie die Saugfähigkeit des Untergrunds oder die Dicke des Lasurauftrags eine Rolle spielen. Doch gibt es eine Faustregel: 1 Liter Lasur reicht für etwa 30 Quadratmeter Oberfläche. Wenn Sie z. B. 1 Liter der ersten Sprenkellasur für die Porphyrimitation mischen möchten, sollten Sie wie folgt verfahren:

- In einem Gefäß mit einem sauberen alten Pinsel (oder Löffel) 0,3 Liter transparente Öllasur mit 0,2 Liter Testbenzin vermischen.
- Etwas von dieser Mischung in ein zweites Gefäß gießen.
- Sehr langsam insgesamt 0,5 Liter Siena gebrannt Künstlerölfarbe zur Mischung im zweiten Gefäß dazugeben.
- Die sich ergebende cremige, getönte Mixtur wird nun langsam mit der Mischung im ersten Gefäß vermengt.

Sobald die Lasur zusammengemischt ist, testen Sie etwas auf einer kleinen Stelle des Basisanstrichs der Porphyrimitation, um festzustellen, ob Farbe und Transparenz der in der Schritt-für-Schritt-Anleitung gezeigten Sprenkelung entsprechen. Die Lasur wird durchscheinender, wenn Sie etwas mehr transparente Öllasur und Testbenzin dazugeben. Soll sie jedoch deckender werden, fügen Sie mehr Pigment (Künstlerölfarbe) dazu.

Dieses Beispiel betrifft die Mischung einer großen Menge Lasur. Bei kleineren Mengen bleibt das Mischungsverhältnis das gleiche, nur mit geringeren Zutaten.

Anstrichfarben und Lasuren auf Wasserbasis

Anstrichfarben auf Wasserbasis, z. B. handelsübliche Dispersionsfarben (Latex) und Künstleracrylfarben, können bereits fertig in der benötigten Farbe gekauft werden. Wenn Sie Ihre eigene herstellen möchten, mischen Sie weiße Dispersionsfarbe (Latex) mit Pigmenten (Künstleracrylfarben, Universalabtönpasten oder Pulverpigmente). Die Herstellung von Lasuren und Tünchen auf Wasserbasis folgt demselben Prinzip wie die auf Ölbasis, lediglich mit kleinen Unterschieden:

1. Das Lösungsmittel ist Wasser (nicht Testbenzin).
2. Bei der Verwendung von Pigmentpulvern werden diese vor der Zugabe zur verdünnten Anstrichfarbe in etwas Wasser aufgelöst (nicht trocken eingestreut).
3. Sie verwenden kein Bindemittel, wie z. B. transparente Öllasur.

Pinselreinigung

Anleitung zur Entfernung von Farben, Lasuren und Lacken auf Ölbasis:

1 Überschüssige Farbe auf altem Papier abstreifen und aus dem Pinsel pressen.

2 Die Borsten gründlich in einem Gefäß mit Testbenzin oder handelsüblichem Pinselreiniger säubern (manche lösen speziell Polyurethanlacke). Wenn nötig, ab und zu das Testbenzin wechseln, bis alle Farbspuren aus den Borsten verschwunden sind. Testbenzin sollte nicht in die Pinselzwinge gelangen, da sonst eventuell Borsten ausfallen. (Vermeiden Sie also, daß Farbe, Lasur oder Lack dorthin gelangt.)

3 Wenn alle Rückstände beseitigt sind, wird der Pinsel unter laufendem kalten Wasser gespült.

4 So viel Wasser wie möglich aus dem Pinsel schütteln.

5 Dann ein Blatt Papier um die Borsten hüllen und dieses mit einem Gummiband um die Zwinge in Form halten. (So können die Borsten beim Trocknen nicht abspreizen.)

6 Den Pinsel auf die Seite legen oder mit den Borsten nach oben stellen. Bei Zimmertemperatur (und nicht unter Wärmeeinwirkung) trocknen lassen.

Anleitung zur Entfernung von Farben, Lasuren und Lacken auf Wasserbasis:

1 Den Pinsel nach Gebrauch sobald wie möglich in einer schwachen Seifenlauge säubern. Keine Waschmittel verwenden, da diese die Borsten ihres natürlichen Öls berauben.

2 Sind alle Farb-, Lasur- und Lackspuren beseitigt, folgen Sie den Schritten 3–6 (oben).

Sicherheitsmaßnahmen

Einige Materialien sind giftig und/oder leicht entzündlich. Die Hersteller solcher Produkte sind gesetzlich verpflichtet, dies ausdrücklich auf jedem entsprechenden Behälter auszuweisen. Sie sollten diese Hinweise immer im Zusammenhang mit der Gebrauchsanleitung beachten.

Abgesehen von Herstellerhinweisen sollten Sie zum eigenen Schutz immer die folgenden grundsätzlichen Sicherheitsmaßnahmen befolgen:

- Halten Sie immer einen Verbandskasten griffbereit.
- Arbeiten Sie in einem gut gelüfteten Raum, das heißt, machen Sie Türen und Fenster so oft wie möglich auf.
- Halten Sie feuergefährliche Stoffe außer Reichweite von offenem Feuer und Heizöfen, besonders von Heizstrahlern etc.
- Kinder und Tiere grundsätzlich vom Arbeitsbereich fernhalten.
- Augen mittels Plastikschutzbrille vor Staub und möglichen Flüssigkeitsspritzern schützen. Erhältlich in vielen Haushaltswarenläden.
- Gesicht (und damit auch die Lungen) durch eine Atemmaske vor Staub, Spritzern und giftigen Dämpfen schützen.
- Hände durch Haushaltsgummihandschuhe – besser noch chemikalienresistente – vor ätzenden Flüssigkeiten schützen. Letztere gibt es meist im Malerfachhandel.
- Alte Kleidung oder Maleroveralls tragen.
- Arbeitsflächen und Umgebung mit Plastik- oder schweren Stofftüchern abdecken (zumindest aber mit Lagen alter Zeitungen).
- Nie alte, mit Lösungsmitteln (z. B. Testbenzin oder Brennspiritus) getränkte Lappen in Plastiktüten aufheben. Sie können sich spontan selbst entzünden.
- Bei Verschlucken von Flüssigkeiten oder Pulvern oder wenn diese in die Augen gelangen sofort ärztliche Hilfe holen.
- Besondere Vorsicht ist bei Verwendung scharfer Schneidewerkzeuge geboten (Künstlermesser, Rasierklingen, Künstlerskalpelle und Blechscheren).

Bezugsadressen

(Auswahl)

Künstlerbedarfs-geschäfte

Das folgende Material ist gewöhnlich in guten Künstlerbedarfsgeschäften erhältlich: Künstleracrylfarben, -acryllacke, -tinten, ölfarben, -malpinsel, Knochenleim, Cuttingmesser, Vergolderleim, Gouache, Gumiarabikum, Metallfarben, Modellier-Emaillacke, Palettenmesser, Plakatfarben, Hasenleim, Künstlerskalpelle, Unterrichtspulver (ungiftig, aber nicht so intensiv wie Farbpulver), Schellack, Sprayfarben, Schablonen- oder Manilapapier, Universalabtönpasten, Wachsstifte, Schreibtinten.

Heimwerkergeschäfte

In der Regel kann man die folgenden, in diesem Buch verwendeten Materialien in guten Heimwerkerläden kaufen: Bienenwachs-Möbelpolitur, Knopfpolitur, Staubmaske (Papier), Abstaubpinsel, Eierschalenfarbe, Emulsionsfarbe, EVA, Spachtelmasse, Vergolderleim, Hammerschlag-Emaillack, Astlack, Abdeckband, Trikotstoff, Öllacke, Farbkübel, Maleranstreichpinsel, Gips. Polyurethanlack, Grundierer, Schutzbrillen, Schutzhandschuhe, Sand, Einlaßgrundiermittel, Schleifpapier, Spachtel, selbstklebendes Bleiband, Schellack, Weichtextur-Anstriche, Lösungsmittel, Schwämme, Spritzlacke, Kellen, gebleichter Schellack, Drahtbürsten, Stahlwolle.

Drogerien

Drogerien verkaufen oft Fullererde und Naturschwämme.

Maler- & Künstlerbedarf

Deutschland

Farben Schnalke GmbH
Großhainerstraße 145
01129 Dresden
Künstlerbedarfsartikel, Öle, Lacke, Schablonen

Dr. Albert Schultze
Farben und Malerbedarf
Grünewaldstraße 6
04103 Leipzig
Tapeten, Farben, Lacke, Künstlerbedarfsartikel, Renovierungsprodukte

Schaberow GmbH
Hardenbergstraße 19
10623 Berlin
Künstlerbedarfsartikel

Otto Ebeling GmbH
Fuggerstraße 43–45
10777 Berlin
Künstlermaterialien, Leime, Kreiden, Schellacke, Vergolderbedarf

Dierk Müller
Grindelhof 62
20146 Hamburg
Mal- und Künstlerbedarf, Vergoldermaterialien

Michael Radigk
Bahrenfelder Straße 49
22765 Hamburg-Altona
Maltuche und Künstlerbedarf

LUKAS
Dr. Schoenfeld GmbH & Co. KG
Harffstraße 40
40591 Düsseldorf
Künstlerfarben und Maltuchfabrik

Schmincke & Co.
Otto-Hahn-Straße 2
40699 Erkrath
Feinste Künstlerfarben und Malgründe

Kölner Malkasten
Breite Straße 161–167
50667 Köln
Lose Pigmente, Airbrush- und Schablonierzubehör, Vergolderartikel

Bruno Wolkenaer OHG
Ehrenstraße 6
50672 Köln
Spezialgeschäft für außergewöhnliche Anstrichmethoden, Spezialpinsel für alle Techniken, Blattmetalle

Farben Jenisch GmbH
Berliner Straße 74
60311 Frankfurt
Lacke und Farben, Vergoldermaterialien, Künstlerbedarfsartikel

Farbe und Raumdekor Peter Pauer
Nordwestzentrum
60439 Frankfurt
Künstlerbedarfsartikel, Materialien für alle Maltechniken, Granitfarben

Hobbyring
Neckarstraße 10
72666 Neckartailfingen
Farben für Antikeffekte, Materialien für Schablonen- und Brandmalerei, Metallprägen

Farben Klotz
Farben, Tapeten, Künstlerartikel
Nymphenburger Straße 184
80634 München
und Amalienstraße 93
80799 München
Tapeten, Mal- und Zeichenbedarf, Bilderrahmen, mineralische und umweltfreundliche Wand- und Lackfarben. Umfangreiches Sortiment an Künstlerartikeln. Mischt jeden Farbton.

XYLO GmbH
Schleißheimer Straße 139
80797 München
Künstlermaterial, Grafikermaterial-Service

Kremer Pigmente
Barer Straße 46
80799 München
Organische, anorganische Farben, Glasfarben, Metallpulver, Füllstoffe, Lackrohstoffe, Wachse, Kunstharze, Lösungsmittel, Dispersionen etc., Pinsel, Lampen

Farben-Karl
Hohenzollernstraße 39
80801 München
Tapeten, Mal- und Zeichenbedarf, Bilderrahmen

Farben Uhl
Nordendstraße 36
80801 München
Maler- und Künstlerbedarf; großes Sortiment

Flamuco GmbH
Industriestraße 13
81245 München
Fachgeschäfte für Wohnen, Werken, Renovieren, Farben, Tapeten, Bodenbeläge

Auro
Naturfarben Fachhandel
Preysingstraße 15
81667 München
Natur-Baumarkt, Naturfarben

NATUR-Baumarkt
Preysingstraße 15
(am Gasteig)
81667 München
Naturprodukte für Wohnung und Bau sowie Naturfarben

Ludwig Rosner KG
Luisenstraße 22
81679 München
Lasuren, Lacke, Beizen, Wachse für den Möbel- und Innenausbau

Holzland Meyer GmbH
Rudolf-Diesel-Ring 11
82054 Sauerlach
Holzpflege, Wachse und Bleichbeizen

Signum
Kreuzlingerforststraße 18
Postfach 1252
82131 Gauting
Künstler- und Restauratorenbedarf

da Vinci
Künstlerpinselfabrik
Gustav-Adolf-Straße 33
90439 Nürnberg

Ludwig Rosner KG
Ostendstraße 62
90482 Nürnberg
Lasuren, Lacke, Beizen, Wachse für den Möbel- und Innenausbau

Noris Blattgold GmbH
Blattgold Spezialfabrik
Rennmühle 3
91126 Schwabach
Auftragsanfertigungen: echtes Blattgold in 25 Farben; Blattsilber, Blattmetalle und alle Vergolderartikel

Wilhelm Wasner
Blattgold GmbH
Wallenrodstraße 8–10
91126 Schwabach
Blattgold, Blattsilber aus eigener Herstellung; Werkzeuge und Materialien zur Vergoldung

C. Kreul GmbH & Co. KG
Hainbrunnenstraße 8
91301 Forchheim
Künstlerfarben- und Maltuchfabrik

Goya Ölmalerei – Klassiker der Kunst
C. Kreul GmbH & Co. KG
91301 Forchheim
Künstlerfarben- und Maltuchfabrik

Herbert Feustel KG
Pinselfabrik
Postfach 32
91452 Wilhermsdorf

Ernst Bock & Sohn
Pinselfabrik
Ansbacher Straße 68
01572 Bechhofen

deffner & Johann
Mühläcker Straße 13
97520 Röthlein
Feinste Pigmente, hochwertige Pinsel, Leime, Kreiden, Vergoldermaterialien, Werkzeuge und Materialien für alte Techniken, Lösemittel, Acrylate, Lascaux-Restaurierungsprodukte etc.

Österreich

Alois Ebeseder
Babenbergerstraße 3
1010 Wien
Feinste Künstlerfarben, Pigmente, großes Pinselsortiment, Kreiden, Vergoldermaterialien, Materialien für alle Techniken

Otto Kummer
Schottenfeldgasse 3
1070 Wien
Feinste Künstlerfarben, Malgründe, großes Pinselsortiment, Vergoldermaterialien, Pigmente, Leime, Kreiden, Materialien für alte Techniken, Lascaux-Restaurierungsprodukte

Wilhelm Raunegger
Schottenfeldgasse 65
1070 Wien
Feinste Künstlerfarben, Restaurierungs- und Antikbedarf

Erhard Willensdorfer
Amethgasse 50
1160 Wien
Feinste Pigmente, Wandfarben, Kunststoffdispersionen, Leim- und Künstlerfarben, Lacke, Wachse, Kreiden, Holzbeizen. Mischt jeden Farbton

Mittermayer GmbH
Klostergasse 22
2340 Mödling
Feinste Künstlerfarben, großes Pinselsortiment, Vergoldermaterialien, Pigmente, Leime, mineralische und umweltfreundliche Wand- und Lackfarben

Epp + Gschmeidler Lacke & Farben GesmbH
Linzer Bundesstraße 104
5020 Salzburg
Feinste Künstlerfarben und Malgründe

Mathis Farbenlaube
Riedgasse 1
6850 Dornbirn
Feinste Künstlerfarben

Schweiz

Thomas Lachenmeier-Farben
Clarastraße 48
4021 Basel
Künstlerbedarf, Farben, Lacke

Farbenhaus Wollishofen
Mutschellenstraße 175
8038 Zürich
Farben, Öl, Acryl, Tempera, Künstlerzubehör

Dekorationen & Restaurierung

Reynolds
Mühlenweg 89 b
21244 Buchholz
Ständer für Teller, Mineralsteine, Uhren, Münzen etc.

stuck modern
Dammin & Co.
Bahnhofstraße 52 a
21614 Buxtehude
Stuck-Dekorationselemente

RTH – Restaurierungstechnik u. Höhn
Alzeyer Straße 13
55237 Flonheim
Technischer Werkstattbedarf für Restaurator und Präparator

JaDecor
Hauptstraße
56598 Rheinbrohl
Exclusive Natur- und Wandbeschichtungen

Werner Sparr
Postfach 1534
65428 Rüsselsheim
Restaurierungs- und Antikbedarf

deko Herold
Färbergraben 6
80331 München
Dekorationsfachhandel

Werner T. Führer
Kunsthandlung
Falkenturm 8
80331 München
Beschaffung/Einbau antiquarischer Bauelemente

Kellner Haus
Augustenstraße 15
80333 München
Vergolderwerkstätte

AnticDeco
Kapuzinerstraße 37
80469 München
Antiquitätenzubehör, Restaurierungsbedarf

Deko Insel
Schleißheimer Straße 72
80797 München
Dekorationen: Verkauf, Verleih, eigene Herstellung

Adams-Fachwerkstatt
Schellingstraße 24
(im Blumenhof)
80799 München
Restaurierung antiker Möbel, alte Hölzer und Furniere

G. Brigl
Warngauer Straße 45
81539 München
Kirchliche Kunst, Gemälde, Rahmen, Skulpturen

Museen für Volkskunst

Um einen Einblick in ländliche Wohn- und Kulturgeschichte zu erhalten und sich für seine eigenen Arbeiten inspirieren zu lassen, lohnt sich der Besuch von Museen für Volkskunst sowie von Freilichtmuseen, wo man in liebevoller Handwerkskunst typische Bauernhäuser, ja ganze Höfe, der entsprechenden Region restauriert und mit originalen Möbeln und anderen Einrichtungsgegenständen aus vergangenen Jahrhunderten ausgestattet hat.

Deutschland

Spreewaldmuseum Lübbenau/Lehde
Schloßbezirk
03222 Lübbenau
Drei komplette wendisch/sorbische Hofanlagen, historisches Handwerk und Kahnbauerei, Volksarchitektur, Wohn- und Lebensweise; Trachtenausstellung.

Museum für Volkskunde
Im Winkel 6/8
14195 Berlin
Volkskundliche Möbelsammlung aus dem gesamten deutsch-sprachigen Raum des 18./19. Jahrhunderts.

Freilichtmuseum am Kiekeberg
Am Kiekeberg 1
21224 Rosengarten
Volkskundliche Möbel aus der Lüneburger Heide und dem Winsener Land, 18.–20. Jahrhundert. Intarsienstube mit Wandvertäfelungen und Intarsienmöbel.

Museumsdorf Cloppenburg
Niedersächsisches Freilichtmuseum
Betharstraße 6
49661 Cloppenburg
Ausstellung zur ländlichen Kulturgeschichte des niedersächsischen Raums aus dem 16.–20. Jahrhundert.

Schwarzwälder Freilichtmuseum
»Vogtsbauernhof«
77793 Gutach
Herausragende bäuerliche Schwarzwälder Hausarchitektur, ausgestattet mit flächig und mit Verzierungen bemalten Möbeln sowie Einrichtungsgegenständen aller Art aus dem 18. und 19. Jahrhundert.

Freilichtmuseum des Bezirks Oberbayern
An der Glentleiten 4
82439 Großweil
Bauernhäuser mit teils originaler Einrichtung aus dem 19. und frühen 20. Jahrhundert. Ein Gang durch 150 Jahre Möbelgeschichte: vom bunt bemalten Irschenberger Schrank über dunkelmaserierte Bauernschränke um 1880 bis zu Küchenschränken mit Ölfarbanstrich.

Germanisches Nationalmuseum
Kartäusergasse 1
90402 Nürnberg
Große, überregionale Sammlung: »Der ländliche Hausrat«.

Fränkisches Freilandmuseum
des Bezirks Mittelfranken
Südring 1
91438 Bad Windsheim
Bauernhäuser aus dem 14.–20. Jahrhundert. Möbel aus dem 17. Jahrhundert mit ausgesägten und aufgeleimten Ornamenten, Schablonenmalerei und aufgeklebten Holzschnitten. Reichhaltige Möbelsammlung aus dem 18. und 19. Jahrhundert, z.B. dunkelmaserierte Bauernschränke, und mit Ölfarbe gestrichene Möbel aus dem frühen 20. Jahrhundert.

Freilichtmuseum Finsterau
Museumsstraße 51
94151 Finsterau
Für den Bayerischen Wald typische Höfe aus dem 17. und 18. Jahrhundert. Komplett ausgestattet, zum Teil mit Originalmöbeln. Viele maserierte Schränke etc., Gebrauchsgegenstände und Werkzeug.

Großbritannien

American Museum in Britain
Claverton Manor
Bath
Avon BA2 7BT
Innenausstattungen, Möbel und Gegenstände im Kolonial- und Shaker-Stil.

Charleston Farmhouse
Near Firle
Lewes
East Sussex BN8 6LL
Dieses ehemalige Heim der Bloomsbury Group während des Ersten Weltkrieges ist heute ein Museum. Enthält handbemalte Möbel sowie architektonische Ausstattungen und Installationen.

Highland Folk Museum
Duke Street
Kingussie PH2 1JG
Schottland
Frühgeschichtliche lokale Möbel und Gegenstände.

Museum of Lakeland Life & Industry
Abbot Hall
Kendal
Cumbria LA9 6BT
Handwerksstätten und Inneneinrichtungen bestimmter Stilepochen, Möbel, Gegenstände, Werkzeuge etc.

Norfolk Rural Life Museum
Grassenhall
East Dereham
Norfolk NR20 4DR
Arbeitercottage und Gegenstände.

St Fagan's Folk Art Museum
St Fagins
Cardiff CF5 6XB
Wales
Möblierte, historische Cottages, ländliche Gegenstände, Werkzeuge etc.

Norwegen

Glomdalsmuseet
Elverum, Norway
Restaurierte norwegische Häuser aus dem 17. und 18. Jahrhundert.

USA

Adirondack Museum
Blue Montain Lake
New York NY 12812
Museum über Geschichte und Kunst der Adirondack-Gegend.

Atlanta Historic Society
3101 Andrews Drive N.W.
Atlanta
Georgia 30305
Zwei historische Bauten: Das Tullie Smith House, ein Plantagenfarmhaus aus den 40er Jahren des 19. Jahrhunderts, und das Swan House, eine 1928 erbaute, anglo-palladianische Villa. Zudem Gärten, Waldland und Exponate.

Colonial Williamsburg
PO Box C
Williamsburg VA 23187
Frühkoloniale Interieurs, Möbel und Gegenstände.

Dekalb Historic Society
Old Courthouse
Decatur, Atlanta
Georgia 30030
Das Mary Gay House, das Swanton House, Blockhütten und Scheunen, alle historisch möbliert.

Hancock Shaker Village
Albany Road
Route 20
PO Box 898
Pittsfield MA 02102
Interieurs, Möbel, Gegenstände etc. im Shaker-Stil.

Metropolitan Museum of Art
Fifth Avenue at 82nd Street
New York NY 10028
Seltene frühe Möbel und Gegenstände.

Old Sturbridge Village
1 Old Sturbridge Village Road
Sturbridge MA 015662
Möbel und Gegenstände aus der Kolonialzeit.

Besonderer Hinweis

Mark Done
3 Montfort Terrace
Barnsbury Square
London N1 1JJ/England
Dekorationsmaler mit großem Repertoire an Finishs wie Marmorieren, Holzmaserieren, volkstümliche Malerei und Kalktünchenimitationen. Er führte alle in diesem Buch gezeigten Malprojekte durch.

Stephen Mack
Stephen Mack Associates
Chase Hill Farm, Ashaway
Rhode Island 02804/USA
Spezialist für Rekonstruktion und Restauration von Gebäuden des 17. und 18. Jahrhunderts.

Danksagung

Die Autorin möchte an dieser Stelle den Mitarbeiterinnen und Mitarbeitern der Abteilungen Lektorat und Design – Judith More, Janis Utton, Julia North, Emma Boys und Tony Spalding – herzlich für ihre hingebungsvolle Arbeit an diesem Buch danken.

Ebenfalls besten Dank an Käre Svein, Mark Done, Stephen Mack, Gloria und Eric Stewart, Tasha Miller und Emily Jewsbury für wertvollen Rat und Hilfe.

Autorin und Verlag sagen ein Dankeschön an Lawrence T. Bridgeman für die Bereitstellung der Kasein- und »Old Village«-Farben für die im Buch gezeigten Projekte sowie an After Noah, Habitat, Summerville und Bishop für die Überlassung diverser Requisiten.

Herzlichen Dank auch an die folgenden Hausbesitzer, Innenraumgestalter, Antiquitätenhändler und Museen für die Genehmigung von Spezialfotografien:

Adirondack Museum
American Museum
Atlanta Historic Society
Mike Chalon
Charleston Farmhouse
Lisa und Jim Cherry
Christophe Gollut
Comoglio Showroom
Christophe Decarpentrie
Durfe House
Jessie Famous
Thomas Young Fearnley
Glomdalsmuseet
Tony Heaton
Hinchcliffe & Barber
Jack Hill
Holmenkollen Park
Hotel Rica
Jocasta Innes
Howard Kaplan
Maria Luisa Larranaga, Condesa Vde de Foixa
Stephen Mack, Stephen Mack Associates
Cindy Makens
Trevor Micklem
Guimond Mounter
Lars Olsson
Jancis Page
Jamie und Janetta Parlade
Jack und Tasha Polizzi
Buddy & Laura Rau
Jackie Sadoun
Sylvie und Peter Schofield
Seaside
Guiseppe und Sarah Sesti
Shaker Museum
Lars und Ursula Sjoberg
Skansen Open Air Museum
Sally Spillane und Robinson Leech
Gloria und Eric Stewart
Michael Wakelin und Helen Linfield
Mary Anne Wilkins
Mary Wondrausch

Register

Die *kursiven Seitenzahlen* verweisen auf Abbildungen im Buch.

Atmosphäre schaffen

Emma-Louise O'Reilly
Landhaus-Romantik
Vom Zauber ländlicher Wohnkultur
Kreative Ideen, die Atmosphäre schaffen – mit vielen inspirierenden Fotos und stimmungsvollen Beispielen für die harmonische Gestaltung von Innenräumen, Terrassen und Gärten.

Bill Laws
Landhaus-Träume
Die schönsten Ideen für Einrichtung und Gestaltung rund ums Haus
Die schönsten Landhäuser von England bis USA, von Skandinavien bis Griechenland – mit faszinierenden Farbfotos, typischen Gestaltungselementen und der passenden Inneneinrichtung.

Kim H. Ritter
Quick Quilting
Zeitgemäße Muster • Einfache Techniken • Schritt-für-Schritt-Anleitungen
Phantasie in Stoff und Farbe: 20 Quilts in meist modernem Design, die selbst für Anfänger Schritt für Schritt besonders einfach und schnell nachzuarbeiten sind.

Liz Wagstaff
Farbe & Wohnen
Effektvolle Ideen für dekoratives Malen und Gestalten
Attraktive Farbenspiele und Veredelungstechniken für ein ganz persönliches Ambiente: Materialien, Werkzeuge, Grundtechniken und Oberflächenvorbereitung sowie Maltechniken Schritt für Schritt mit Farbvarianten und außergewöhnlichen Effekten.

Kevin McCloud
Kreative Raumgestaltung
Grundlagen, Techniken, Schritt-für-Schritt-Anleitungen
Exquisite Wohnideen, die Atmosphäre schaffen und Akzente setzen: Grundlagen, Werkzeuge, Materialien und eine Fülle von kreativen Vorschlägen für dekorative Effekte mit Schritt-für-Schritt-Anleitungen für die einzelnen Mal- und Dekorationstechniken.

Julie Collins
Neues Design für Trödel & Co.
Kreative Ideen zum Aufmöbeln
Fundstücke vom Trödel in Highlights der Innendekoration verwandeln: geeignete Objekte aufspüren und durch individuelles Design veredeln – 24 dekorative Beispiele und alle Techniken Schritt für Schritt.

Sybil Edwards / Chris Moore / Lynette Bleiler
Die Kunst der Bauernmalerei
Techniken und dekorative Muster zum Selbermachen
Ansprechend gestaltetes, aufwendig ausgestattetes Arbeitsbuch: Objekte mit floralen und klassischen Mustern, Tiermotiven und Ornamenten verschönern – mit vielen Beispielen, genauer Darstellung der Pinselstrichtechniken und Schritt-für-Schritt-Anleitungen.